知的生きかた文庫

華僑の大富豪が教えてくれた「中国古典」勝者のずるい戦略

大城　太

三笠書房

はじめに

なぜ、華《か》僑《きょう》の大富豪はこぞって「中国古典」に学ぶのか

『論語』『孫子』『韓非子』……の智恵を使い倒す！

◇私と華僑の大富豪との出会い

私が華僑（中国を離れて他国で長期的にビジネスをする人）の師と初めて出会ったのはかれこれ一〇年以上前のこと。

当時会社勤めをしていた私は、もっと自分を高めたい、もっと大きな成功を手にしたいという想いから「いつか必ず起業する」と決めていました。

とはいえ、サラリーマン経験しかなく、このまま起業しても上手くいくわけがない。そこで大胆にも思い立ったのが、「世界最強の商人として名高い華僑は、お金儲けの秘密のノウハウを持っているはずだ。ぜひ教えてもらおう」ということだったのです。

人づてに紹介を頼み続け、ようやくたどり着いたのが、華僑社会では知らない者は

いないといわれる大物華僑。まさに在日華僑のボス的な存在で、日本へやってきた中国人が「困ったときに頼る先生」として中国本土でも有名な人物でした。住まいや仕事を世話してもらい、日本で成功した人は数知れず。多種多様なビジネスを手掛ける彼自身が大富豪であることはもちろん、彼の門人もその多くが億万長者になっている。

そんな話を聞いた私はすぐさま会いにいき、弟子入りさせてほしいと懇願しました。が、日本人である私をそう簡単に受け入れてくれるわけもありません。しつこくお願いし続けて二年。ようやく「日本人初の弟子」となることができたのです。

◇華僑の世界では「中国古典」は単なる読み物ではない

弟子入りと同時に、これまで勤めていた会社を辞め、起業家としての修行を開始した私に、師が贈ってくれたのが『荀子《じゅんし》』の言葉でした。

青は之《これ》を藍《あい》より取りて藍より青く、氷は水之を為《な》して水より寒し。

「出藍《しゅつらん》の誉《ほま》れ」の元となった言葉です。ご存じの方も多いでしょう。

「この言葉は、弟子が師匠を超えるという意味で使われてますね。これは日本人のお家芸でもあるんですよ。身近でいえばラーメン。本家の中国より日本のラーメンのほうが、はるかにレベルが高い。日本人は他から学んだものを改良して自分たちの文化にしてしまう。コピーするだけよりもある意味どん欲で素晴らしいじゃないですか。大城さんもせっかくここに来たんだから、華僑のことをただ教わるじゃなしに、盗んで自分のものにするくらいのこと考えてください」

このときは、年配の人がよくそうするように、師匠も昔の偉人の言葉を引用して励ましてくれたのだな、程度にしか思っていませんでした。

しかし、すぐに気づきました。**華僑社会に飛び込むことは「中国古典」の世界に飛び込むこととイコールなのだと。**

気軽な雑談であれ真剣なビジネスの話であれ、師匠の話には必ずといっていいほど「中国古典」の言葉やエピソードが出てきます。後々知り合った多くの華僑も同様です。

また、華僑の商談や交渉を見ていると「あ、これは孫子の兵法だな」などと思う場面があり、とても面白い。華僑同士のやりとりは「古典の智恵カード」を出し合っているようなもので、なかなかにエキサイティングです。

華僑に言わせれば、**「中国古典」は単なる読み物ではなく「使い倒す」もの**なのです。

◇名より実を取る華僑の「ずるい＝賢い」戦略

華僑と呼ばれる人の多くは、競争が激しい中国社会で生活に窮して故郷を離れた人たちです。いわば「背水《はいすい》の陣《じん》」から勝利をつかもうとします。しかし、地の利がなく、また祖国で競争の厳しさを思い知っている華僑は、**人と真正面から争って勝とうとはしません。**目立たず警戒されず、得していないように見えて、実はしっかり「利《り》（＝利益）」を取る。**名より「実」を取る。それが華僑にとっての「勝利」です。**

そんな勝利を収めるために華僑たちが指針としているのが、四千年にわたる先人の経験と智恵が詰まった「中国古典」です。なかでも注目するのは、「ずるい智恵」です。「ずるいこと」は「悪いこと」。日本人の多くと違わず私もそう思い込んでいましたが、華僑を通して、「周囲のためにもなる賢いずるさ」があることを知りました。

ずるさを使って身を滅ぼす人がいる一方で、ずるさを使って周囲に引き上げられていく人もいる。そのどちらの事例も「中国古典」にたくさん書かれています。

「中国古典」から「ずるい＝賢い」智恵を学び、ビジネスや人間関係の中で実践的に使う華僑は、学術的に正しい解釈よりも、現実に当てはめて「使える解釈」をすることに重きを置いています。

人によって、状況によって、また経験を重ねる中で、解釈や使い方が変わってくることもある。それが、華僑が教えてくれる「中国古典」の面白さでもあります。

本書で取り上げる古典の言葉の解釈も、それを前提として読んでいただくことで、現実の課題や悩みの解決に役立て、さらには自分の言葉として育てていくことができると思います。師が言うように、日本人は「出藍の誉れ」に長《た》けた性質を持っているのですから、実践を通して自分流にアレンジできれば素晴らしいと思います。

◇「中国古典」には、人生を大きく変える力がある！

私も師のもとでいろいろなビジネスをしながら、さまざまな古典の言葉や智恵を学びました。師匠や兄弟子に教えてもらうだけでは飽き足らず、たくさんの「中国古典」の書を読み漁りました。

そして、弟子入りから一年後に起業。サラリーマン時代の経験を活かして医療機器の販売会社を立ち上げ、初年度から年商一億円を達成することができました。

起業四年目に、若いがとても優秀な華僑との出会いがあり、彼と共に医療機器メーカーを設立。さらに不動産、建築、メディアなど他分野にもビジネス領域を広げ、仲間たちと一緒にアジアへ飛び出し、遠大な目標にチャレンジしているところです。

現在、私は国内外に六つの法人をもつオーナー経営者となりましたが、わずか十数年前の会社員時代には想像しえなかったことです。

私が本書を通じて一番お伝えしたいこと。それは、名より実を取る華僑の「ずるい＝賢い」戦略を使えば、どんな状況からでも逆転勝利が可能だということです。

あなたにとって本書が、中国古典の新しい可能性を感じるものであったり、新しい一歩を踏み出すキッカケとなれば幸甚です。

大城　太

◇もくじ

第一章 厳しい時代に勝ち続けるルール
――しなやかに、したたかに「利」を掴む

第二章

人間関係が上手くいく処世のルール
――答えは一つじゃない。必ず「抜け道」はある

第三章 ピンチをチャンスに変える逆転のルール

――他人の「頭」と「力」は最大限利用せよ

第四章

お金が巡ってくる人・逃げていく人のルール

――お金儲けに「たまたま」はない

第五章

自信を養い・自分を高めるルール

――いつか死ぬこと以外、まだ何も決まっていない

第六章

華僑×古典に学ぶ「リーダー7つの条件」

——華僑流「最強の集団」の作り方

編集協力◎Media Port 株式会社前仲原物産メディア事業部
企画協力◎ランカクリエイティブパートナーズ株式会社

第一章

厳しい時代に勝ち続けるルール

――しなやかに、したたかに「利」を掴む

華僑流
勝ち続けるルール
1

善《よ》く敵に勝つ者は与《とも》にせず。
『老子』第六十八章より

敵がいないこと。
戦わないこと。
それが「無敵な生き方」

◇「百戦百勝」よりも「戦わずして勝つ」

私の会社は**「無敵集団」**を名乗っています。他社が勝てないほど強いから無敵なのではありません。**戦わないから無敵**なのです。

社員にも常々「戦わなくていい」と言っています。他社が割り込んできても、お客さんが理不尽なクレームを言ってきても、戦うなと。競合は自社が優位な部分で牽制《けんせい》すればいいですし、クレームは潜在的な顧客ニーズを蓄積するための有益な情報を無料で教えてくれているとも言えます。いずれも戦う必要などありません。

「戦わずして勝つ」は、皆さんご存じ『孫子』の名言です。

百戦百勝は最善ではない。戦わずして勝つのが最善なのだ。

理論はもっともだが「戦わずして勝つ」方法が難しい。そう感じている人も多いのではないでしょうか？　そこで最も簡単なのが**「戦わないから無敵になる」**ことなのです。簡単というのは、**本当の敵などめったにいない**からです。

ビジネスでも「戦い」という言葉がよく使われますが、皆さんいったい何と戦っているのでしょう？　日々戦わなくてはならないほど多くの敵がいるのでしょうか？

実のところ、多くの人が戦っているのは、**「敵」ではなく「ライバル」**なのです。業績を競う同業他社も、社内で数字やポストを競う同僚も、目当ての異性を競う相手も、敵ではなくライバルです。**「競う」必要はあっても「戦う」必要はありません。**

華僑は敵とライバルをはっきり区別しています。ライバルとは競う相手、切磋琢磨《せっさたくま》する相手ですから、いないよりいるほうがいいと華僑は考えます。

またライバルを潰せば敵になる恐れがあるため、潰そうとはしません。**相手を攻撃するよりも、自分の勝てるところで勝つ、勝てるところがないなら作る。**それが「敵を作らず戦わずして勝つ」ということです。

◇「下手に出る」「逃げる」——これが華僑の勝ち方

それでも敵意をむき出しにしてくる人からは**「逃げるが勝ち」**です。

『老子』の言葉にある「与《とも》にせず」とは、関与しないという意味。**戦いを好む相手は無視するに限ります。**応戦すれば火に油を注ぐだけだということは、ネット上の悪口合戦をみても明らかでしょう。

無視できない場合でも、やり返すのは賢明とはいえません。

知人がビジネスをする業界で、こんなことがありました。

別々の地方都市に拠点を置くA社とB社。同程度の規模でそれぞれ順調に業績を伸ばしていましたが、あるときA社がB社の拠点に攻め込み、怒ったB社は反撃に出てA社の拠点へ攻め込んだ。正面切って戦ってしまったわけです。

その結果、激しい値引き合戦となり、両社ともに疲弊して伸び悩む状態に。経営者は借入比率が高くなり、従業員はボーナスがもらえず、誰も得していません。

両社とも、牽制となる「勝てるところ」がなかったのかもしれませんが、それならば下手に出るのもアリです。これも『老子』の言葉で**「善《よ》く人を用いる者は之《これ》が下と為《な》る」**。私なら下手に出て提携をもちかけます。御社は素晴らしい。手を組んで一緒に業界を盛り上げましょうと。

そういうことも想定して、普段から世の中への貢献の姿勢を打ち出しておくと強い。世の中のために頑張っている会社を潰せば世の中を敵に回すことになりますから、戦わずに手を組んだほうが得だという判断に導きやすいのです。

これも「戦わずして勝つ」ための初歩的な智恵といえるでしょう。

華僑流
勝ち続けるルール
2

『韓非子』説林篇より
将《まさ》に之《これ》を取らんと欲すれば、必ず姑《しばら》く之に予《あた》えよ。

敵対する前に、貸しを作る。これが「富の法則」

◇相手から奪いたければ、まずは与えよ

人を戦いに向かわせるのは「利《り》」です。利を取りたい、あるいは取られたくないから戦うのです。しかし戦えばただのライバルも敵になり、お互いに損をすることは前項で述べました。では戦わずに「利」を取るにはどうすればいいのか？

『韓非子《かんぴし》』には「周書にいわく」として、**「取りたいなら必ずしばらく与えてやれ」**という助言があります。まず相手を油断させて隙《すき》を突けということで、華僑もよく使う手です。ただし華僑の目的は相手を滅ぼすことではなく、傘下に収めることです。

ライバルが困っていると聞けば、情報や人材、資金や資材などを提供して助けてやる。まず与えておいて助けが必要な状態にしてからライバルを取り込む。

企業の買収話のようですが、華僑は個人レベルでも実践しています。社内のライバルが困り事に直面したときに、**自分の持っている人、物、金、情報などを分け与えて味方に引き入れながら自分の勢力を増強し、スピード出世する**のです。

ライバルが欲しがるほどのものは持っていないよ、という場合は**「力を貸す」**ことをお勧めします。これは攻撃を避けるための牽制となります。

私は主に医療機器を扱っていますが、その搬入の際、現場で複数の業者と同時に設置作業をすることがあり、ライバルと鉢合わせすることもめずらしくありません。

正直に言いますと、昔はそんな場面でライバルには挨拶さえせず、目が合えば目で喧嘩を売っていました。今は自分から進んでライバルを手助けしています。工具を貸したり、配線を手伝ったり、重い機材の運搬を手伝ったり。普段は競い合う関係だけれど、今は同業の仲間としてお手伝いしますよ、と。

助けられたら悪口を言いづらくなりますので、方々で他社の悪口を言っていると噂のライバルこそ、先手を打って手助けするべきですね。

◇競合同士の戦いは「漁夫の利」を生むだけ

ライバルへの態度を一八〇度変えたのは起業後です。いち営業マンから経営者となった私は、業界全体の利の循環を意識するようになりました。同業で潰し合えば、全体の利が減るだけだと分かったのです。そういう意味で『韓非子』の言葉を超訳すると**「利が欲しいなら、同じく利を欲しがっている相手にまず譲ってやれ」**となります。

競合同士が戦って値引きやサービス合戦になる。それで得をするのはお客さんだけです。まさに「漁夫の利」であり、事業者の利は減ってしまいます。また、業界全体がしぼんでしまったら、最終的にはサービスの受け手であるお客さんにもしわ寄せがいくのです。

競合各社が適正価格で勝負できないとなれば自分の首も絞まります。**しょせん「全取り」は不可能なのですから、時には譲ったほうがいいこともある**わけです。

もちろん、譲る意味が相手に伝わらなければ効果はありません。どうぞどうぞと譲るのはただのお人好しです。

「（この商談は譲るが）あっちの件は遠慮しませんよ」と伝えて手を引く。譲るなら先に譲ったほうが有利な立場に立てることはお分かりいただけるでしょう。

この点についても、以前の私は「負けるのは仕方がないとしても、自分から引くなんてあり得ない！」と頑なでした。

「揣《う》ちて之《これ》を鋭くすれば長く保つべからず（鋭く鍛えた刀は長持ちしない）」

「枉《かが》まれば則ち直し（屈まっていればこそ伸びて真っ直ぐになれる）」

これらは『老子』の言葉ですが「戦わずして勝つ」には、しなやかさも必要です。

華僑流
勝ち続けるルール
3

『後漢書』王覇伝より
疾風《しっぷう》に勁草《けいそう》を知る

「できる人」にはとことん貢献する

◇「できる人に貢献したい！」その真意

「できる人」と聞いて何を思うか？　日本人、中国人、華僑に訊いてみました。

日本人…「できる人になりたい」
中国人…「できる人を使いたい」
華僑…「できる人に貢献したい」

「自分よりできる人を使えばいい」という思考は華僑にもありますが、なおかつ**「貢献」**を挙げる理由は「使う」にはない二つの利点があるからです。**ひとつは味方を増やせること。もうひとつは対象を選ばないこと。**自分が使えるのは下の立場の人だけ、貢献ならば上も下も関係ありません。相手がやりやすいようにフォローするのも貢献ですから、気配り上手な日本人は貢献の利を上手く使えるはずです。

ただし、貢献する相手を間違えると骨折り損になってしまいますので、相手はしっかりと見極めなければなりません。

どんな人を選べばいいのか。そんな時は、『後漢書《ごかんしょ》』の言葉「疾風《しっぷう》に勁草《けいそう》を知る」が役に立ちます。穏やかなときには目立たないが、厳しく困難な状況に置かれたときこそ、**強風にも倒れない草のように本当に強い人が分かる――。**

「仕事ができる」「しっかり者」「面倒見がいい」「タフ」など、普段評判のいい人が困難に強いとは限りません。逆に、普段チャラチャラしている人や頼りなさそうな人が意外な強さを発揮して周囲を驚かせることもあります。**困難は人の本性を暴く**のです。

困難から逃げる人に貢献などしようものなら、いざというとき、何もかも押しつけられて涙をのむことに……。

厳しい状況下でもみんなを勇気づけて引っ張ってくれる先輩や上司、一緒に立ち向かってくれる同僚や部下に貢献し信頼されれば、困難も怖くなくなります。

◇相手の「本性を見抜く」簡単な方法

「風が吹く」まで待つ必要はありません。**華僑はあえて「疑似強風状態」を作り出し、人の本性を見極めます。**

たとえば、自分と対等か下の立場の人には「面倒な頼み事」をしてみてはどうでしょう。難しい作業や手のかかる調べものなどをやってくれないかと、ルーチンの中に放り込むのです。あたふたするのは皆同じ。ですが、適当にやるかしっかりやるかの差は歴然と現れます。

上の立場の人には「面倒な相談」をすることで、その人の奥行きが見えます。仕事上の人間関係の悩みや、仕事をからめた家族の問題など、不自然でない範囲で、自分が相談されたらちょっと面倒だなと思うレベルの相談をしてみてください。無愛想でもしっかり答えてくれるならば、いざというときも安心です。上っ面の回答でお茶を濁すようなら、困難から逃げる可能性があると決めてしまっても問題ないでしょう。

このようにして相手の本性を見極めた後は、本当の貢献の心を持ち、その人を支えるのみ。わざと風を起こすのは相手の本性を見るための策ですが、その後は純粋に相手を助けてあげればいいのです。そこに**「警戒されない」**という**「貢献」の三つめの利点があります。**よほどの人間不信でもない限り、助けてくれる相手を警戒して遠ざけたりはしません。大事な味方と考えて、ノウハウや智恵や情報を教えてくれるはずです。

つまり**「貢献」は、自分が〝できる人〟になるための近道**でもあるのです。

華僑流
勝ち続けるルール
4

「天のせい」にして自分を慰《なぐさ》めても、一文の得にもならない

『荀子』天論篇より
君子はその己《おのれ》に在《あ》るものを敬《けい》して
その天に在るものを慕《した》わず。

◇失敗した後に「成長できる人」「できない人」

自分の努力を重んじて、天に期待をかけない。

『荀子』のこの言葉は華僑の生き方そのものです。

仕事が上手くいかないなどで「世の中は甘くない」と言う人がいますが、それが身内や後輩分であれば、私はこの言葉を贈ります。そして、あなたが大事だから本当のことを言うのだと前置きしてこう続けます。

「実は世の中は甘いんだよ。自分に甘い人は、世の中の甘さを知ることはできないというだけ。自分に甘くしないほうが楽に勝てると覚えておいたらいい」

世の中のせいにする、天のせいにする、運のせいにする。他人が失敗したときには、他の何かのせいにしてあげるのが礼儀としては正しいかもしれません。しかし、それは決して優しさではないと私は思います。

華僑は失敗した人を責めず、「業界の古い慣習が悪い」など、批判しても誰の面子も潰れないマクロ的なところへ責任を持っていくことがありますが、それは白黒つけるよりメリットを取ろうという思惑があってのこと。

自分のせいだと自覚している人にとっては、「あなたのせいではない」と容赦されるほうがキツいものです。必死で挽回《ばんかい》しようと頑張るので、次のチャンスをものにできる可能性が高まります。

このように、**礼儀や戦略として「他責《たせき》」を使うのはアリとしても、自分のことはすべて「自責《じせき》」とするのが得策**です。

たとえば、試験や試合の本番に臨むとき。

「精一杯頑張ってきたのだから、後は天に任せよう」という人。

「精一杯頑張ってきたのだから、後は自分を信じよう」という人。

実力を発揮できるのはどちらでしょうか？　後者ですね。

失敗したときに冷静に原因を分析して成長できるのも後者です。

天に任せるなら失敗も天のせい。自分を省みる必要はない、ということになりかねません。

◇人は誰でも「運命を切り拓く力」を持っている

華僑の多くは天運というものを認めていますし、易経などで運を占う人もいますが、**「天が決めてくれる、天に決めてもらおうと考えるのは人間の怠慢《たいまん》であり傲慢《ごうまん》だ」**と言います。

運を知ったとして、どうするかを決めるのはあくまでも自分だということですね。

悪運なら災いを小さくしようと努め、良運ならばそれに乗じる。儲けたいのに儲からないなら、儲からない原因を排除しつつ運が巡ってくるのを待つ。

「儲からないのを天のせいにしても、納得いかないじゃないか」

「天のせいにして自分を慰めても、一文の得にもならないじゃないか」

そんな華僑にとって、当然「世の中は甘い」のです。

儒教の天命思想を受け継ぐ荀子があえてこの言葉を残したのも、**人は誰でも自ら運命を切り拓く逞《たくま》しさを持っている**と信じていたからでしょう。きっと荀子自らの人生もそうだったに違いありません。

いつでも自分次第で自分を変えられるということを忘れずに、自分の人生をしっかりとハンドリングしていきましょう。

華僑流
勝ち続けるルール
5

『春秋左氏伝』襄公より
我は貪《むさぼ》らざるを以《も》って宝と為《な》す。
爾《なんじ》は玉《ぎょく》を以って宝と為す。

「最良の駆け引き」は、駆け引きをさせないようにすること

◇アンフェアな人を見破る「最強の質問」

「あなたに○○のメリットがあるから」このサービスを契約してもらえませんか。このビジネスを一緒にやりませんか。私と結婚してもらえませんか。

お願い事がある人は、こちらのメリットを並べながら近づいてきます。そんなときには逆に質問してみてください。**「あなたのメリットは何ですか?」**と。

答えない人のお願いは聞かない方が賢明です。ビジネスも人間関係も長期継続が前提。お互いのメリットが噛み合わないことは長続きしません。この点において、自分のメリットを隠す人はフェアーではない駆け引きをしてくる可能性があります。

駆け引きといえば華僑の十八番ですが、その華僑いわく**「最良の駆け引きは、駆け引きさせないようにすること」**。フェアーでない人には「あなたのメリットは?」と質問して、ずるさを出させないように牽制《けんせい》すればいいということですね。これは華僑同士であれば当たり前のことですので、華僑は「自分のメリット」を訊かれた時の答えも常に考えています。その上手い伝え方を、華僑は古典から学んでいるのです。

一例として『春秋左氏伝《しゅんじゅうさしでん》』の有名なエピソードを見てみましょう。

——宋《そう》の国の村人が宝玉を手に入れたので、常々尊敬している司城《しじょう》の子罕《しかん》にその玉を献上しようとした。しかし子罕はこう言って受け取らなかった。

「あなたは玉を宝とするが、私はその玉を自分のものとしない心を宝とする」

「あなたの玉を私が受け取れば、あなたも私もお互いに宝を失うことになる」

子罕の高潔さを讃《たた》えるエピソードとして有名ですが、華僑が感動するのはそこではなく、子罕の表現の上手さです。**相手の提案を断るにしても、相手を尊重しながら自分のメリットを分からせる**、実にハイレベルな表現ではないかと。

華僑の視点で、エピソードの続きを見てみてください。

——子罕に断られてしまった村人は、次のように述べて嘆願した。

「私のような身分の低い者がこのように目立つ玉を持っていては、盗賊に狙われてしまいます。私が無事に村へ帰れるように、どうかこの玉を受け取ってください」

結局、子罕は玉を受け取り、それを売って得たお金を村人に与えて帰らせた。

お気づきでしょうか？　村人も自分のメリットを上手く伝えたのです。

「お互いのメリットを大切にしよう」と言う子罕に対して、村人は「この玉を手放すことが私のメリットだ」と伝えました。村人の本当のメリットは「子罕に自分の忠誠心を認めてもらうこと」であろうと思われますが、押しつけにならないように言い方を工夫したのです。それを察した子罕は、村人の心として玉を受け取り、宝としての価値は受け取らないことで互いのメリットを合致させたのでしょう。

◇自分も相手も尊重する「上手な伝え方」

相手のメリットは言えても自分のメリットは言いづらい。多くの人がそう思っているようですが、それは実のところ自分のメリットしか見ていないからかもしれません。子罕や村人のように**相手のメリットを尊重すれば自分のメリットも上手く言える**のです。そこに着目すれば、駆け引きなしで目的を達することも可能になります。

ちなみに、私は格安医療機器の提案をしていますが、お客さんから「あなたのメリットは？」と訊かれれば、「自分や家族が気持ちよく治療を受けられる医院さんが増えることです」と答えます。一見、自分のメリットしか言っていないようでお客さんのメリットも言っていることがお分かりいただけるでしょうか？　気持ちよく治療を受けたい私と私の家族＝お客さんのお客さん（患者さん）ですから。

華僑流
勝ち続けるルール
6

『韓非子』備内篇より

人主《じんしゅ》の患《うれ》いは人を信ずるに在《あ》り。
人を信ずれば則《すなわ》ち人に制《せい》せらる。

「人」は信じても、「人の行い」は信じない

◇「一〇〇%の善」も「一〇〇%の悪」も存在しない

人を信じるか、信じないか。自分が信じたい人については**「その人は信じるが、その人がやることは信じない」**。これが私の基本的なスタンスです。

人をまるごと信用して痛い目にあったことは一度や二度ではありません。公私ともに仲良くしていたビジネスパートナーに突然裏切られ、大金を失い、路頭に迷う寸前まで追い込まれたこともあります。

そんな私の愚を改めさせてくれたのが『韓非子』であり、華僑です。

韓非子と華僑には共通点があります。祖国の韓で評価されず、秦での活躍に希望を見いだそうとした韓非子。中国での熾烈《しれつ》な競争を避け、他国に活路を求めて出て行く華僑。いずれもアウェーでの挑戦ですから立場は不利です。理想論など言ってはいられません。韓非子も華僑も極めて現実主義なのです。

ただ、「人間の本性は悪である」という性悪説に立った韓非子の言葉をそのまま受け取ると、誰も信用できない寂しい人生を送ることになってしまいます。

そこで救いになるのが華僑の教えなのです。

華僑の基本的な考え方は**「一〇〇%の善も、一〇〇%の悪もない」**。

一般的に他人を騙《だま》すのは悪だが、それによって「利」を得る本人および身内にとっては完全なる悪ではない。**人それぞれ、利になることが善、害になることが悪になりうる。他者の間で善悪が一致することがあっても状況が変われば変わる。**だからどんな人でも一〇〇%信用できるなどということはあり得ない。

人の性格が突然変わることはなくても、**その人なりの善なる行動が変わる可能性はあるのです。**悪気があるなしにかかわらず、人はそういうものだと思っておけば「裏切られた！」と騒ぐ前に手を打つことができ、悲劇にまではならないのです。

まずは、**相手の「利益」と「行動」の関係を理解すること**です。

たとえばあなたが転職を考えているとして、上司が引き止めにかかったなら、それは上司にとってあなたの存在が利益になるからです。転職したあなたを元上司が邪魔してきたなら、それは元上司にとってあなたの活動が不利益になるからです。

実はこれ、私が実際に経験したことでもあります。私が退職願を出したとき、ある上司が「君の部署を作るから一緒に頑張らないか」と引き止めてくれました。しかし異動した先での居心地が極めて悪く、結局、数年後に退職して起業しました。

吹けば飛ぶようなベンチャーでも同業界ですから、世話になった会社のお客さんへのアプローチは封印。それでも邪魔してきたのは、私を引っ張ってくれた元上司。少々ショックでしたが、元上司は仕事をしただけ。会社員としての自分の利にのっとって善なる行動をしただけなのです。

◇「重すぎる信頼」が部下に隠し事をさせる

人として信頼できる仲間や部下に恵まれた現在でも、彼らの仕事は信用しないのがお互いのためだと考えています。いくら優秀な人でもミスはします。それなのに「君という人間に全幅の信頼を置いているよ」などと言ったらどうなるでしょう？　**相手にとっては、信頼を損なわないためにミスを隠すことが善になってしまいます。**

『韓非子』には、君主に取り入る臣下について危ぶむ記述が多く見られます。現代でいえば、幹部が社内政治に必死になるあまり、組織が弱体化して外敵にやられてしまうパターンです。そうならないためにも**「あなたを信用するのと、あなたの仕事を信用するのは別だ」**とハッキリさせるべきなのです。

華僑流
勝ち続けるルール
7

「言うこと」よりも、「言わないこと」を決めておく

言いて当たるは知なり。
黙《もく》して当たるもまた知なり。

『荀子』非十二子篇より

◇「自ら分からせる」のが華僑流

「華僑に弟子入りした」と言うと、瓶水《びょうすい》を移すがごとく師の教えを学んだと思われがちですが、実はそうではありません。

私が記録または記憶している師の言葉は、雑談の中から拾ったものばかり。お金儲けにしても処世術にしても「こうしろ」と言われたことはないのです。

師はいつも私の行動を黙って見ているだけでした。私が失敗をしたときに「どこでつまずいたか分かるか?」と質問するのみ。ズバリ核心を突くことなく、私に考えさせ、答えを見つけさせる。それが師の教え方です。

まさに「黙《もく》して当たるもまた知なり」。

物事の要点を述べるのも知者ではあるが、沈黙するべきときには沈黙して分からせるのも知者である、という『荀子』の言葉です。

これをマスターすればビジネスにおいても「言わずして勝つ」が可能になります。しかし、この域に達するのは至難の業。私たちは「言わずして」といっても何も喋らないわけにはいきません。そこでもうひとつ『荀子』の言葉を加えましょう。

その言葉とは「多言《たげん》にして類《るい》あるは聖人《せいじん》なり。少言《しょうげん》にして法《ほう》あるは君子《くんし》なり」。「類」も「法」も同じような意味を持つ漢字で、規範や法則の意と考えて問題ないでしょう。つまり、**多く喋っても少ししか喋らなくても、そのすべてに法則性があるのが優れた人だ**ということです。

これをビジネスで使えるように超訳すればこうなります。

「言うこと」だけでなく、「言わないこと」も決めておく。

華僑はこれを決めているからこそ、黙るべきときには黙って分からせるということができるのです。華僑に倣えば**「言うこと」は雑談。**共通の話題や相手が興味を持つ話題はどんどん喋ってOK。**「言わないこと」は自分の本心や本音。**「自分のことは（自分からは）喋らない」と決めておけばいいのです。

◇できるセールスパーソンは「商品の話は訊かれたことのみ」

たとえば商談。自社の商品やサービスの魅力をたくさん喋ってお客さんに伝えようとするのが一般的です。私も会社員時代にはそれが当たり前だと思っていました。

今は違います。自社のことについては、基本的にお客さんから訊かれたことにお答えするのみ。自分から喋るのは業界の動向やライバル社の話です。業界の話題をたくさん喋れば、それらをよく知った上での商品でありサービスであることがお客さんに伝わるからです。「自己満足ではない、今の世の中のニーズに合ったものなんですよ」とズバリ言わずとも分かってもらえるのです。

また話題が豊富であるほど会話の糸口が増え、お客さんのことも自然に知ることができます。お客さんに安心して喋ってもらうために「業界の話題は客観的に」が鉄則。ライバル社の悪口を言えば、それが本心かと警戒されてしまいます。

業界のことを喋る時には、保険の相談カウンターのスタッフになったつもりくらいの客観度で喋ると決めておいて、準備をすればいいですね。

その上で一番大切なのは、お客さんから訊かれたことにはきちんとお答えすることです。「ええっと」と口ごもったり「どこそこに確認します」などと保留にすることがないように、しっかり勉強しておくのは基本中の基本。

自分から喋らないイコール喋れなくてもいいのではありません。**一日中喋り続けられるくらいの準備があってこそ、「言わずして勝つ」が可能になるのです。**

華僑流
勝ち続けるルール
8

スキルよりも「勢い」!!!

『孫子』兵勢篇より
善《よ》く戦《たたか》う者は、之《これ》を勢《せい》に求めて人に責《もと》めず。

◇華僑の組織は、少しのパワーで加速する

ＩＴ企業の役員をしている知り合いから、ちょっと面白い話を聞きました。

「こういう人っているんですね。うちで働きたいという人と面接したんですけど、何ができますかと質問したら、『ウェブデザイナーができます』と言うんですよ。職業名ができますって言われてもね……」

確かに。公務員の人が「公務員ができます」と言っているようなもので、なんだかおかしな答えですが、職業を大切にする日本人らしいともいえます。

日本人にとって自分の職業はアイデンティティーを語る上で欠かせないもの。対して華僑は職業というものにこだわりがありません。なぜなら、華僑の出発点が「○○になって成功しよう」ではなく「成功するために○○をしよう」だからです。

会社の人事を見ても日本の会社との違いは明らかです。営業、経理、開発、製造など既存の枠組みに人材を当てはめるのではなく、**各人が得意なことに応じて仕事を作る**。これは華僑が『孫子』の言葉にある「**まずなによりも勢いに乗ること**」を重視しているからです。「**勢いがあれば、一の力を二倍にも三倍にもして発揮することがで**

きる、「反対に勢いがなければ、せっかくの力も存分に発揮できない」と彼らは考えます。

私が華僑の師に弟子入りしたとき、何が得意かと尋ねられました。「物を売るのが得意です」と答えたところ、「じゃあそこに中国から仕入れた靴下がいっぱいあるから、売ってきて」と。どこでどうやって？　一瞬ひるみかけましたが、実力を見せるにはうってつけのミッションです。なるほどこれが華僑流か、やってやろうじゃないかと鼻息荒く事務所を飛び出し、リヤカーに靴下を積んで街へ繰り出したのでした。

「得意なことをする」というのは、車にたとえればエンジンがかかった状態。エンジンがかかった状態からなら少しの負荷で加速します。あとは勢いに乗ればいいだけ。**枠に当てはめてそこで頑張らせるよりも、勢いのつきやすいところを伸ばしてやる。**そうすると自然に組織としての勢いもどんどん増していくわけです。

そういった組織の勢いを、孫子は「高い山から丸い岩を転がすがごとく」と述べています。いくら頑張っても、すごい勢いで転がる岩を止めるのは無理というもの。訓練された屈強な兵士でも近づくことすらできません。つまり**強い勢いをつけることによって、敵の力を発揮させないことも可能になる**のです。

◇「本当に得意なこと」を見つける法

どんな企業でも部署単位やプロジェクト単位での「人・金・物」は限られています。ですからメンバーの中に仕事のできない人がいたら、そのままにしておくのは損です。苦手な役割をあてがわれて無駄にエネルギーを使っているのかもしれません。ぜひ仲間として、その人が得意なこと、「エンジンがかかっているところ」を見つけてあげてください。それで全体の勢いが加速する可能性は大いにあるのです。

私は採用の面接をするとき、どんな環境で育ったのかを訊ねることがあります。たとえばキッチリとした親に厳しくしつけられたという人であれば、ルールを守ることや、細かい仕事をキッチリすることが得意な可能性がある。一応営業採用だけど、他の社員が作った書類のチェックやマニュアル作りなども任せてみようかな、と私は考えるわけです。営業としてダメだったときのリスクヘッジにもなるしな、と。

本人が言う「得意」は思い込みの可能性もあります。客観視できる人が、本人が気づいていない「得意」を見つけてあげられたらベターです。

第二章

人間関係が上手くいく処世のルール

——答えは一つじゃない。必ず「抜け道」はある

華僑流
人づき合いのルール
1

「横暴な上司」は、部下にとっては好都合

『荀子』臣道篇より
暴君に事《つか》うる者は補削《ほさく》ありて撟拂《きょうふつ》なし。

◇賢く「選ぶ」より、賢く「適応する」

どこの国へ行ってもその地に根を張り、たくましく生き抜く華僑。彼らにとって重要なのは**「選択能力」よりも「適応能力」**です。

より良い環境や条件を選ぶことも大切ですが、**どんな時代でも、どんな境遇でも生き残れるのは「選ばなくても上手くやれる人」**だと華僑の師は言います。

「親も子も自分で選べない。一番大切な家族でさえ選べないんだから。選べるのは配偶者だけですけど、選んだから上手くいくとは限りません。不満があっても、いかに上手くやっていくか考えるのが人間でしょ。会社も同じですよ。上司が嫌だと不満を言うのはレベルが低い。いかに対策して適応するかが大事なんです」

実際に上司を選べる人は多くはありません。横暴な上司に当たってしまったと嘆く人がいるのは世の常です。

そこで荀子は、暴君（横暴な君主）に仕える人の心構えとして次のように述べています。

暴君に仕えるときは、欠点をフォローするのはいいが、矯正しようとしないこと。

暴君といってもいろいろなタイプがいますが、得てして暴君はワガママでワンマンです。自分の好き嫌いで人事を左右したり、周囲の意見など聞かずに方針を二転三転させたり。部下を納得させる説明もなしに、ただ「やれ」と命令を下すことが多いのも暴君の特徴です。

それが困ると皆敬遠するわけですが、華僑はそこにチャンスありと見ます。**ワガママ＝心の内が分かりやすく対策しやすい。皆に慕われない暴君だからこそ、自分から慕っていけば好かれるのも簡単。**考えようによっては都合がいいじゃないかと。

◇時には「戦略的イエスマン」に徹する

上に認められるのも実力のうちです。その点において暴君は、自分に忠実な部下を重用する傾向があり、そこが取り入る隙となります。

忠実な部下として認められれば、大きな仕事を任せてもらえるチャンスもつかめる。そこで実績を出せば、キャリアやポジションが同等の人よりも早く昇進できる可能性が高くなる。華僑はそれを見越して、まずはイエスマンに徹するのです。

重要なのは割り切りです。荀子は前述の心構えに加えて**「（暴君に対しては）長所を述べて短所を言わず、それが当然であるように振る舞うのがよい」**と言っています。

体育会系の先輩と後輩のノリだと思えば、余計な事は考えずに済むでしょう。私も新卒時代に暴君タイプの先輩に育ててもらったのですが「わけが分からない」指導でも、言われた通りにやってみたら結果が出たということがよくありました。

とはいえ、華僑は単なるイエスマンでは終わりません。暴君に認められて側近になればいよいよ本領発揮。暴君の弱点をついてコントロールしてしまいます。

暴君の弱点とは、皆の意見を聞かないために情報が偏りがちなこと、なおかつ独断でジャッジすること。側近にとっては有り難い弱点です。暴君にメリットのある情報を与えれば、自分がやりたいプランを通しやすい上、プレゼンや稟議など面倒な手順をすっ飛ばしてスピーディーに着手することができるのです。

この場合も華僑のやり方は巧妙です。「やったほうがいい」など自分の考えは述べず、暴君が命令を下す材料を与えて、その命令に従うというポーズを崩しません。

コントロールしていることを見抜かれず、暴君との良好な関係を保ち続けながらのし上がっていく、それが華僑流の「適応」なのです。

華僑流
人づき合いのルール
2

『戦国策』斉策より
狡兎《こうと》三窟《さんくつ》

「居場所」は複数あったほうが楽

◇「あなたはずるい」は最高の褒め言葉

「ずるい兎《うさぎ》、穴三つ掘る」

華僑の師と雑談していたとき、唐突に言われて面食らった思い出がある言葉です。

「ずるい」とは自分のことだろうか、何かずるいことをしただろうか……と。

「違うよ。私らの間では〝**ずるい**〟**は**〝**賢い**〟**と同じ意味**。あなたずるいね、と華僑に言われたら喜んだらいい。大城さんはまだまだずるさが足りないね。ははは」

笑いながら師は紙切れに「狡兎《こうと》三窟《さんくつ》」の故事成語を書きました。

「**兎が巣穴を三つ、つまりたくさん掘っておくのは危険がせまったときに逃げ込むため**。危機管理ですね。危機管理といえば普通は危険のほうだけでしょ。私ら華僑はちょっと違う。危険と機会、両方の備えだと思ってるわけ。ひとつの穴を守ろうとするなら、攻められたときには戦うしかない。でも他に穴があったら戦う必要はない。他の穴で新しいチャンスをつかめばいい。だから私らはたくさんビジネスを持ってるんです。サラリーマンでも会社の外にたくさん人脈を持ってますよ」

日本人の場合、勢力の強い派閥に属していたり、やり手の部長などに気に入られていたりすれば社内政治的に安心と考えがちですが、勢力図が変わったらアウトです。**派閥や上司の穴に入るのはいいとして、危なくなったときのために他の穴も確保しておく必要がある**のです。社外の人脈作りもそうですし、普段からいろいろな部署に顔出しをしておくことも危機管理のひとつです。

◇ずるくても「許される人」「許されない人」の境界線

危機管理のための穴を掘る上で、重要ポイントとなるのが「**真面目さ**」です。師は「**真面目という軸があってこそ〝ずるい〟＝〝賢い〟になり得る**」と言います。会社員であれば、会社の方針に従い、理念や社是といった会社の真面目な軸を真面目に自分の軸とする。それは「会社に対して忠実」というポジションを取るということでもあり、**どこにいくつ穴を掘ろうが、何かずるい動きをしているのではないかと警戒されにくい**のです。

社内の情勢になびいていちいち軸を移す人はどうでしょう？

「あいつはずるいヤツだから利用してやろう」と、周囲もずるさを出してきます。せっかくあちこちに穴を掘っておいても、いざというときには入れてもらえないかもしれません。

また、**悪事に加担させられにくいというのも「真面目」のメリット**です。

権力者がどんなに自分を贔屓《ひいき》にしてくれても、権力争いに絡む不正などの悪事に手を貸せば、結局は自分の首を絞めることになります。

抵抗勢力から攻撃され、他の穴からは警戒され、挙げ句の果てに罪を負わされて元の穴から放り出される、最悪のパターンですね。

たとえ無為に巻き込まれたとしても、真面目軸を貫き悪に染まらなければ、他の穴が助けてくれて立て直しのチャンスを得ることができるでしょう。

師は「狡兎《こうと》三窟《さんくつ》」の話をこう締めくくりました。

「ずるくて賢い兎といっても根本は真面目なんです。だから悪とは戦う。兎にとっての悪は蛇ですね。いくつ穴を掘っても蛇は侵入してこようとする。それを許したらお終いです。長い物には巻かれろといっても、悪いヤツに巻かれたら、それこそ〝蛇の道は蛇〟になってしまうからね。ははは」

華僑流
人づき合いのルール
3

人づき合いは、白黒つけない「グレーゾーン」がちょうどいい

好《よみ》して其《そ》の悪を知り、
悪《にく》みて其の美を知る者は、天下に鮮《すく》なし。
『大学』傳八章より

◇人を○か×かで判断していないか

人の悩みの大半は人間関係に起結すると言われます。逆に言えば、**人間関係さえ上手くいっていれば大抵のことは上手くいく**のです。

そこで私が目指しているのが**「人間関係のゴールド免許」**です。人との事故を起こさないように。

周囲を見ると「これは事故だよな」という、悪気がないところでの対人トラブルがよく起きています。そしてトラブルを起こしやすいのは「急いでいる人」です。まだつき合いも浅いうちに「あいつは信用できる」と決めてかかる、「オレの意見に反対するあいつは敵だ」と決めつける。**人間関係を急げば相手に○か×かをつけることになり、誤解やすれ違いなど事故の原因が生まれやすい**のです。

『大学』にもこんな言葉があります。

好きでも欠点を見逃さず、嫌いでも長所を見いだす。それができる人は少ない。

大昔から、答えを急いで○か×かで人を決めつける人が多かったのですね。であれば、現代人はなおさら気を引き締めなければなりません。

なぜなら、皆学生時代に、限られた時間の中で答えを出す訓練を受けているからです。答えはたいてい一つに決まっていますので、正解か不正解か、○か×かしかありません。多くの人が大学卒業まで○×で評価されてきたわけです。

ですから、**○×を決めたがり、なおかつ早く答えを出そうとする素地が自分にも他人にもあると認識して人とつき合うことが大事**だと思うのです。

皆さんもご存じの通り、**社会にはいろいろな評価基準があり、誰にとっても○の正解はありません。**

人に対する印象や評価も人それぞれで、全員一致の○はないのです。

ある人は「Aさんは優しい」と言い、ある人は「Aさんは優柔不断だ」と言う。

ある人は「Bさんはおおらかだ」と言い、ある人は「Bさんは大雑把だ」と言う。

立場や見方によって、長所が短所に、短所が長所になることなどいくらでもあります。

つき合いの長さや密度によっても違いが出てきますので、他人の評価で○×をつけることだけは避けるべきです。

◇「好き」も「嫌い」も所詮日替わり

　私は少なくとも三年つき合ってから、「この人はだいたいこうだな」と思うようにしています。それまでは、**気が合う人とも合わない人ともグレーゾーンでつき合います。**「○か×か」を華僑的表現に置き換えれば「白か黒か」。**華僑の思考領域の大部分は白黒つけないグレーゾーン**です。グレーはよくないと考える人もいるでしょう。ですが、華僑はグレーゾーンが広いからこそ、**自分とは違う答えも受け入れて可能性を限定しない生き方ができる**のです。また、用意された答えにとらわれず、**抜け道的な答えを作り出す「ずるい＝賢い」智恵も生まれてくる**のです。

　人づき合いに関しても、華僑はまずグレーゾーンで長くつき合いながら自然と白か黒に寄っていくのを見ています。限りなく白に近づいた人が信頼できる友人や仲間ということになるのですが、それでも好き嫌いは言いません。

「好き嫌いなんて日替わりだからね。離婚率を見れば分かるでしょ」

　好きだ、嫌いだと言うことさえ馬鹿らしい。そんな華僑はもちろん、堂々たるゴールド免許保持者です。

華僑流
人づき合いのルール
4

「正しいかどうか」はどうでもいい

物、彼《あ》れに非《あら》ざるは無く、
物、是《こ》れに非ざるは無し。
『荘子』斉物論篇より

◇見方を変えると「表」も「裏」になる

議論好きには近づかない。人間関係の事故防止のための用心です。

議論好きといってもいろいろですが、私が避けるのは**「正しいか正しくないか」「良いか悪いか」の議論をしたがる人**です。そういう議論からは何も生まれません。場の雰囲気が悪くなるだけなので、さっさと退散するに限ります。

華僑が議論するときには必ず目的がハッキリしていて「正しいかどうか」の話にはなりません。**彼らにとって正しいかどうかなど、どうでもいいのです。**

「こういう考えがある、ああいう考えもある。どっちが正しいかなんて誰にも分からないじゃないか？　やってみてこっちがいいと分かった。じゃあもう、正しい正しくないなんて言う必要はないじゃないか？」

そもそもだね、と言ってある華僑が教えてくれたのが『荘子』の言葉です。

すべての物が彼《あれ》だとも言えるし是《これ》だとも言える。

「立場を変えると是は非、非は是になるってことだよ。この百円玉だって表が裏にもなるし、裏だ表にもなる。**自分が見ている方が表だと主張しても意味がない。**だから自他の区別とか対立を超えた境地にいてこそ何にでも対応できる、というようなことを荘子は言っているんだが、それを我々はグレーゾーンと言っているんだ」

前項でも述べた「グレーゾーン」。白黒つけないグレーゾーンは自他の区別を超えられるゾーンでもあるのです。華僑はグレーゾーンでいろいろな立場から物事を見ているからこそ、正しいかどうかの議論をしないのです。

◇議論には「負けるが勝ち」

『荘子』には「六合《りくごう》の内は聖人は論ずるも議せず」という言葉もあります。**世界の中のことについては、聖人は論は立てても善し悪しは言わない**ものだと。

身近な話に置き換えてみましょう。

地球環境のことを考えて、エコカーを選ぶ人が増えています。しかし環境についての議論を突き詰めていくと、そもそも自動車を使うことが環境に悪い、自動車を作る工場も悪いということになります。さらに突き詰めれば、地球環境にとっては人間の存在が悪だ、というところまで行きつくのではないでしょうか。

議論そのものを楽しみたいのであれば「娯楽」として議論好き同士で議論を尽くせばいいですが、そうでないならストップ。

良い悪いの議論は不毛であるばかりか、メリットの追求を阻《はば》み、思考停止・活動停止を招きかねません。

ですから、**議論をする際には共通のメリットのある相手と、目的を限定して議論するべきなのです。**

私は自社の幹部などと、どう動くかを決めるためだけに議論をします。

意見を持ち寄り、仮説を立てる。意見が対立すれば二つの仮説を立てる。そして仮説をマーケットで検証する。検証の結果、AよりBがよいと分かればBを採る。

どちらが正しいかの議論は一切しませんので、検証の結果がどうであれ「ほら、私が正しかっただろう」「ほら、君が間違っていただろう」とはなりません。

ただ、「自分が正しい」と言いたい人には、言わせてあげればいいと思います。

お酒の席で議論をふっかけられた、そんなときは議論に参加するふりをして勝たせてあげればいいのです。「接待」として。接待するほどメリットのない相手だとしても、勝たせてあげることによって、早く帰れるというメリットは得られますからね。

華僑流
人づき合いのルール
5

相手のことを「知らない」という致命的なリスクを知る

人の己《おの》れを知らざるを患《うれ》えず、
人を知らざるを患う。

『論語』学而第一より

◇人間関係をよくするために知っておきたい「バランスの法則」

自分のことを人が分かってくれないと嘆くより、自分が人のことを分かろうとしないことを心配しなさい。

「なんで分かってくれないんだよ！」と拗《す》ねる子どもを学校の先生が諭《さと》している、そんなニュアンスもありますが、大人向けにはビシッと超訳しましょう。

「相手を知らないのはリスクだ」

認識する、理解する、悟る、感知する、記憶するなど、「知る」という言葉にはさまざまな意味があります。いずれの意味でも、相手が自分を知っていて、自分が相手を知らないとなれば不利です。相手からはこちらが見えるが、こちらからは相手が見えない。それは大きなリスクとなり不安を引き起こしますので、通常、人間はバランスを取って相手のことを知ろうとします。あなたと身近な人たちはどうでしょうか？だいたいバランスよくお互いのことを知っているのではないでしょうか。

「自分を知ってもらいたいなら、まず相手の情報を手に入れて『あなたのことを知っている』と言えばいい」と教えてくれたのは若い華僑の友人。

たとえば「私は○○市に住んでいます」と言えば「ああ、そうですか」で終わる可能性が高い。しかし「あなたは○○市にお住まいですよね」と言えば、相手は高い確率で「あなたはどこにお住まいですか？」と訊いてくる。

来日したとき、ほとんど知り合いがいなかった彼ですが、このバランスの法則でどんどん友だちを増やすことができたと言います。

ほかの華僑の会話を聞いていても、**相手と友好関係を築きたい場合は「あなたは」から始まり、相手に興味がない場合は「私は」から始まります。**

周囲の人たちの会話を聞いてみると、面白い発見があるかもしれませんね。

◇何気ないひと言に表れる「その人が隠している弱点」

さて、「なんで分かってくれないのか」と言うのは子どもばかりではありません。親が子どもに、上司が部下に「なぜ分からないのか」と苛立つこともあります。

私自身もそうでした。子どもや部下に対して「なんでだ」と憤ったり悩んだりしてきました。しかし本来、下の人のことは理解しやすいはずなのです。親には子ども時代の経験があり、上司には部下時代の経験があるわけですから。

逆に下から上は理解しづらい。まだ経験していないことを「分かれ」と言っても無理なのです。ですから、**経験値の高い人が低い人を理解してフォローしてあげればいいのです、お互いのために。**

それも「あなたのことを理解したい」「あなたのことを分かっている」とは言わず、経験値が高いからこその高等テクニック**「黙って察する」**を使いましょう。

「詖辞《ひじ》（偏った話）」をすれば、何に疎《うと》いのかが分かる
「淫辞《いんじ》（みだらな話）」をすれば、何に惑わされているのかが分かる
「邪辞《じゃじ》（よこしまな話）」をすれば、どこで道を踏み外すかが分かる
「遁辞《とんじ》（言い逃れ）」をすれば、どこで行き詰まっているかが分かる

『孟子』にある言葉です。孟子は発言の際の注意を促しているのですが、**人の発言から、その人が上手くいかない要素を見つけてあげるためにも使えます。**

上の人が自分を理解してくれようとしている。そう分かっていても直接的に探ってこられたら逃げたくなります。でもさりげなく察して導いてくれたらうれしい。それも自分が経験したからこそ、分かってあげられることですね。

華僑流
人づき合いのルール
6

相手の意見は「受け入れる」ではなく「受け止める」

君子《くんし》は和《わ》して同《どう》ぜず、小人《しょうじん》は同じて和せず。

『論語』子路第十三より

◇意見が違う相手の気分も損ねない「万能の言葉」

「和《わ》して同《どう》ぜず」か「同《どう》じて和《わ》せず」か。人間関係で気疲れしたくないなら「和して同ぜず」です。意味は**「むやみに同調せず、自分の意見をしっかりと持ちながら人の意見も尊重し、調和のとれた関係を築くのがよい」**。

SNSが普及した現代は「同調過剰時代」であると言えます。もちろんネットさえなかった時代にも角が立たないように同調する場面はあったわけですが、SNSによってその頻度がぐっと増えたことは確かでしょう。

たとえ自分の考えとは違ってもなんらかの好意的な反応をしなければと、気遣いして気疲れしている人も多いようです。そういった気遣いからの気疲れは、ネット上だけでなくリアル社会にも広がってきています。

そんな世の中だからこそ、「和して同ぜず」でバランスをとるべきなのですね。

まずは人の意見への反応を変えてみましょう。「そうですね」と同調するでもなく、「そうではない」と反駁《はんばく》するでもなく、**「そうなんですね」と、ただ相手の意見を受け止めるに留めておく**のです。

「そうなんですね」は、「自分とは違うけれど、そういう考え方もあるんだな」と受容する姿勢を表しますので、**考え方や意見が違う人とも認め合うことができる**のです。私自身も「そうなんですね」のおかげで、いろいろな考えの人といい関係を保って長くつき合うことができています。

古くは高校時代に友だちがイジメにあったとき。当然私はイジメをやめさせようとしましたが本人に止められました。「オレはやられてもいいと思ってるんだ」と。私は「そうか、気をつけろよ」とだけ言って見守ることにしました。

また、私が一時的にやる気をなくしてクラブをサボっていたとき、彼は「もうすぐ試合だろ。後で困るぞ」と忠告してくれましたが、「負けたら負けたでいい」と言えば、「そうか」と。

お互い「自分ならこうする」という、考えは違い共感もできないけれど、違うなら違うでいい。「お前はそうなんだな」と受け止め、良いも悪いも言わない。それが「和して同ぜず」の第一歩なのではないでしょうか。

◇同調圧力をはねのける「華僑流ゆるゆる交際術」

もちろん若い頃から「和して同ぜず」を意識していたわけではありません。華僑がよく「そうですかー」と言うのを聞いて、因果がつながったのです。

言葉も文化も違う人々の中で暮らす華僑にとって、人と自分が同じでないのは当たり前。**相手を十分理解していないのに同意するのはトラブルの元になりますし、仲良くなりたいからと同調しては相手に主導権を握られてしまいます。**

ですから華僑は相手の話を「そうですね」で受けることはほとんどありません。「○○だと思いませんか?」と尋ねられても「そうですかー」。

それでも会話が不自然にならないのは、一定の音調で語尾を伸ばすソフトかつ飄々《ひょうひょう》としたイントネーションのおかげかと思います。「そうですかー(なるほどあなたはそう思うんですね)」と。クールに発音すると「そうですか(私は知りませんけど)(勝手にすれば)」というニュアンスが漂いますので注意が必要です。

同調しない相手を攻撃する人もいますが、そんな場合も「そうですかー」でゆるくかわして相手にしないのが賢明。ぜひ使ってみてください。

華僑流
人づき合いのルール
7

あなたは自分の「役目」を見失っていないか

『論語』顔淵第十二より
君君《きみきみ》たり、臣臣《しんしん》たり、父父《ちちちち》たり、子子《こご》たり。

◇「信頼関係のある組織」の作り方

「なんで大城君はいつでも自由気ままに動けるの？　秘訣があるなら教えて」

既婚者の友人からよく訊かれることです。

三人の子持ちでまだ小学生の子もいるのに、クリスマスイブでも元旦でも、友だちやビジネス仲間を優先してホイホイ外出する。家族から不満は出ないのか、と。

その答えになるのが、**自分の役目をしっかりやれ**という『論語』の言葉です。

家庭においては「父父たり」。つまり父親の役目をきちんとやっていれば、たまの休日や記念日に家族サービスをしてご機嫌を取る必要などないのです。

父の役目といえば「お金を稼いで家族を養う」を一番に挙げる人が多いのではないでしょうか？　それで家族が納得しているなら、自由に振る舞っても文句は言われないでしょう。しかし不満げにされるのであれば、家族が求める「父父たり」ができていない可能性があります。**役目というものは自分が決めるものではない**のです。

私が家庭で求められているのは「家族が困らないように方針を決める」役目です。これは夫婦共働きの会社員時代から変わっていません。

方針を決めるという役目を果たすには、情報収集が必須。家族の交友関係をはじめ、好きな本やテレビ、ネットのコンテンツなど何に影響を受けているかを把握しておけば、どこで悩みや困りごとが出てくるかを予見することができます。

基本は日頃から妻や子どもたちとしっかり話をすること。面倒でも一度はPTAや町内会の役を引き受けて、学校や地域にアンテナを張ることも大切です。

その上で方針を決めるのが父である私。母である妻の役目は、その方針に沿った行動を子どもにさせることです。方針が決まっていないことで何か困ったとき、私が外出中であれば、妻は自分で判断せず私に電話をかけてきます。そして私は妻が妻の役目をきちんとやっている限り、子どもが道を逸れない限りは口出ししません。

父は父、母は母、子は子。**それぞれの役目をきちんとやっていれば、お互いに不満は出ない**のです。自由を得るにはまず「役割意識」を浸透させることです。

自分のことを話すのも億劫がってはいけません。私は出かけるときに「どこで誰と会うか」を告げ、帰宅後に「どんなことがあったか」を話すのを習慣にしています。これによって、家の外で私が求められている役目も家族が分かってくれるのです。

◇「部下が使えなくて困る」は無能なリーダーの証明

　私が自由にしていても問題ないのは、会社も同じです。私はどの会社にもほとんど出社しませんが、どの会社もちゃんと回っています。『論語』の言葉でいえば、**私が「君君たり」を、幹部が「臣臣たり」をきちんとやっているから**です。

「臣臣たり」をやっているのは華僑のパートナー。彼はまだ二十代ですが、役目の重要性を分かっているので私に求める「君君たり」も明確です。

「ダイさん（著者のこと）は考える人。マネジメントはダイさんの仕事じゃない。困ったら必ず相談するから現場は基本僕に任せて、ダイさんは時々顔を出して考えを熱く語ってください。みんなにパワーを与えてその気にさせるのはダイさんしかできない」

　そんな彼から「部下ができなくて困る」という愚痴は一切聞いたことがありません。実際、育てるのに二年はかかるだろうと思っていた部下さえも、たったの半年でエースに変身させてしまいました。

「部下ができないと言うのは、管理職の役目をしていないと言っているのと同じ。当然、上からも下からも不満が出る」。まったくもって、その通りですね。

華僑流
人づき合いのルール
8

「親」を大切にすることは「自分」を大切にすること

『荘子』天運篇より
親を忘るるは易《やす》く、親をして我《われ》を忘れしむるは難《かた》し。

◇華僑がやっている遠く離れて暮らす親への「親孝行」

「おふくろ、こないだのあの件、どうなった?」
「だからさぁー(ああ忘れてたわ)」
「おやじ、オレ今これこれでどうしようか迷ってて……」
「ジョートージョートー(頑張ってるな)」

沖縄出身の両親との電話でのやりとり。私自身は生まれも育ちも関西ですので普段ウチナーグチ(沖縄の方言)を使うことはないのですが、たまに親と話せば沖縄流のゆるい受け答えにホッと心がなごみます。

「親を忘れるのは簡単だ」という『荘子』の言葉を聞けば耳が痛い。そんな方もいらっしゃるかと思いますが、自分の親を一〇〇%忘れることはできないでしょう。**言葉や生活習慣、食べ物の好みなど、誰でも親から受け継いだものを自分の中に見いだす瞬間があるはずです。それらを大事にすることも立派な親孝行です。**

特別なことをしようと気負わず、親が本当に喜んでくれて自分や家族のためにもなる、華僑や私自身が実践している親孝行を参考にしていただければと思います。

華僑は親を重んじますが「成功して故郷に錦《にしき》を飾る」と決意して国を出た華僑は、少なくとも数年は親に会えません。

私の師が日本へ渡るとき、師の母君は「これで一〇年は着るものに困らないだろう」と言って、たくさんの服を縫《ぬ》ってくれたそうです。

では、成功するまでは親のことを忘れて頑張るのか？　もちろんノーです。仲間うちで祖国の地方の言葉を喋り、親との思い出を語り、実家で慣れ親しんだ料理を作り、親から教わった歌を口ずさむ。そうして親から受け継いだものを日々大切にしているからこそ、プレッシャーに潰されることなく志を貫けるのです。

親自慢も親孝行のうちで、親自慢は代々受け継がれるのだと師は言います。

子どもができたら、自分たちの親がいかに素晴らしいかを語って聞かせる。それを聞いて育った子もまた、親の素晴らしさを自分の子に語って聞かせる。

「**私が親の悪口を言ったら？　子どもも必ず私の悪口を言う。**私が歳をとっても面倒みてくれるわけがない。たとえ親がダメ親でも、いいところだけ取り出して尊敬したらいいんです。それが自分のためにもなるんだから」

◇親は偉大な「人生の先輩」

私の子どもたちは、私が何か迷ったときに必ず親に相談することを知っています。

自分たちが頼りにしているパパが頼りにするおじいちゃん、おばあちゃんはすごい。子どもたちの祖父母への態度を見れば、そう感じていることが分かります。

親に相談すれば、親の面子が立ち、自分も楽になれると一石二鳥なのです。

『荘子』の言葉にある**「親は子を忘れない」**というのは、**親にとって子どもは永遠に子どもだからですね。裏を返せば自分も永遠に子どもでいられる**ということ。

起業していろんなビジネスを立ち上げ、それなりのところまで来たつもりの私も、親からすれば所詮やんちゃな次男坊。親と話せば気負いがなくなります。

また、**親は自分の二〇年以上先を行っているということも忘れてはいけません。**

まだ先は長い、焦ることはないと教えてくれる貴重な存在でもありますし、成功したにしても失敗したにしても親の人生は貴重な事例の宝庫なのです。

親孝行が気になっている方は、まずは親と話す機会を増やそう、親の話をする機会を増やそうと意識してみてはいかがでしょうか。

第三章

ピンチをチャンスに変える逆転のルール

――他人の「頭」と「力」は最大限利用せよ

華僑流
逆転のルール
1

怒りが湧いたら、即座に「頭を下げる」

忍激《にんげき》の二字は、これ禍福《かふく》の関なり。
『呻吟語』存心篇より

◇「我慢する」より「我慢しなくて済む」方法を探せ

窮地に陥りやすい人と、陥りにくい人がいます。違いは何でしょうか？

その答えが『呻吟語《しんぎんご》』の言葉、**ムカッとしたときに怒るか耐え忍ぶか**。ですが、せっかくですから華僑思考をプラスして掘り下げていきましょう。

窮地に陥りやすい人＝ムカッとしてそのまま怒る。

窮地に陥りにくい人＝ムカッとする前に頭を下げる。

怒ることのデメリットは、激しい感情によって正常な判断ができなくなることです。

とくに自分に非や弱みがある場合、そこを突かれそうになると「窮鼠《きゅうそ》猫《ねこ》を噛《か》む」状態で攻撃的な怒りを発し、ウイークポイントを自ら知らせてしまうという愚行に及ぶこともあります。

だから耐え忍ぶべきなのですが、**「我慢するのはレベルが低い」**というのが華僑の師の口癖です。我慢すればストレスがたまって自分が傷つく。**我慢するより、我慢しないで済むように頭を使え**と。

その頭の使い方こそが「頭を下げる」なのです。

たとえば、やたらとプライドの高い上司が古いデータを持ち出してきてクライアント向けの資料を作れという。そんな古いデータはクライアントに出せない。しかし「このデータは古くて使えない」と指摘すれば、何らかの屁理屈をこねて怒り出すだろう。

では何も言わずに最新データを使って資料作成すればいいのか？　それもノーです。上司のプライドを傷つけて「勝手なことをするな！」と叱られかねません。そしてムカッと発動。**ムカッとしてから「すみません」と頭を下げるのはただの我慢です。**

頭を下げるなら、上司が古いデータを持ち出してきたときがそのタイミング。

「すみません。実はつい最近新しいデータが出ていまして。ここ数日外回りが多かったものでお伝えするのを忘れていました。今気づかせてもらえてよかったです。ありがとうございます」

こんなふうに言いながら頭を下げれば、「それならまあ、仕方がないね。私も自分で調べればよかったんだが」となるでしょう。

上司は自分の非に気づきますが、逃げ道を作られたらプライドを守るために怒る必要はなくなります。上司も怒らず自分も怒らず、クライアントにもきちんとした資料を提供できる。いわゆる「三方良し」が実現するのです。

◇「相手の理＝自分の利」を忘れない

かくいう私も、三十代のはじめまで「瞬間湯沸かし器」の異名を持つほど、何かにつけてすぐに怒ることで有名だったのです。が、今やめったに怒らなくなりました。その劇的変化を、身近な人たちは「奇跡」だと言います。

もちろん師のおかげなのですが「お金儲けがしたい！」という私の心に突き刺さるアドバイスをしてくれるところがさすがです。

そのアドバイスとは**「相手の理」＝「自分の利」**。

「相手が理不尽だと言って怒る人は多いけど、それは自分の理に適わないということでしょ。**自分の理なんてどうでもいい。利益を取りたいなら相手の理に合わせる。これがビジネスの基本、お金儲けの基本**」

自分の「理」を尊重すれば、相手の理不尽を暴いて怒らせたり、自分の理不尽を暴かれる前に怒って対抗したりするなど、「利」につながる道を自ら塞《ふさ》ぐことになります。

「（私の理とは違うけれど）あなたの理を尊重します」と頭を下げれば、窮地に陥ることもなく、**利を得るチャンスを失うこともな**いのです。

華僑流
逆転のルール
2

「欠点の告白」で人の心は簡単に掴める

精明《せいめい》は世の畏《おそ》るる所なり、而《しか》るにこれを暴《あらわ》す。
才能は世の妬《ねた》む所なり、而るにこれを市《う》る。

『呻吟語』修身篇より

◇「できるアピール」が昇進を妨げる

確実に会社に貢献しているのに、どうしてポジションを上げてくれないのか？

最近、三十代の後輩や弟分からこういった不満を聞くことが多くなりました。彼らは仕事でしっかりと成果を出し、比較的早く係長クラスのポジションについたものの、長らく足踏み状態。うち一人は、後輩に追い抜かれて茫然自失状態です。

と、人ごとのように書いていますが、実は私も会社員時代に同じパターンにはまりました。ですからアドバイスは真剣です。彼らと同様の不満を持つ人に贈りたいのが、華僑のバイブルのひとつである『呻吟語』のこの一節です。


頭が切れると警戒されるのに、どうしてそれをひけらかすのか？

才能は人から妬まれるのに、どうしてそれを売り込もうとするのか？


後輩や弟分へのアドバイスとして超訳するならば、「個人の実力をアピールすれば管理職を任せるには不安があると思われるのに、どうしてアピールするのか？」。

そうです。彼らは自己アピールが激しいがために、課長クラスのポジションに上がることができないのです。

彼らは皆、実力があり口も達者です。この二つが揃えばアピールせずにいられないのはわかります。ですが、「自分はできる」とアピールすれば、周囲の競争意識が自分に向き、知らず知らずのうちに個人間の競争に引き込まれてしまいます。そうなると個人の成果にこだわることになり、自己アピールもますます激しくなる。

上司はどう見るでしょう？「あいつは自分のことに必死な個人プレーヤーで、高度なマネジメントには向かない」と思われても仕方がないのではないでしょうか。

私も会社員時代は完全なる個人プレーヤーでした。

「営業は数字がすべてだ」と自分のノルマ達成には熱心でしたが、チームワークには無関心で周囲からクレームが出まくり。そんな私が、会社の上層部から「部下を育て管理する」役割を期待されなかったのは当然です。

◇「アピール上手」が話題にする二つのこと

さて、華僑ならどうするでしょうか？　アピールはダメだといってしないわけではありません。『呻吟語』の戒めを逆手にとり、上司にも部下にも**「安心されるアピール」**

をして自分のポジションを上げていくのです。

自分が「できなかったこと」、つまり**失敗経験をアピールする**のもそのひとつ。失敗はアピールするものではないと思いがちですが、人を教え育てるという面ではどうでしょうか。部下が失敗しないように指導できるのは？　できない人がなぜできないのかを理解して育てられるのは？　成功しか知らない人よりも、失敗を知っている人のほうが頼もしいですね。もちろん失敗をリカバリ済みであることが条件ですが。

また華僑は、**自分ではなく他人の才能や能力をアピールします**。

喋りが上手い、発想が面白い、調整が得意など、人が「できる」ところを見つけて周知させ「アナタの方ができるからよろしく」と仕事を頼む。これは**「人の能力を上手く引き出して使える」という面での「安心されるアピール」**です。

課長クラスの管理職には、適材適所で人を上手く使う監督能力が求められます。人を熟知し、その長所を認めて面子を立て、モチベーションを上げる。それができる人をただのプレーヤーにしておくのはもったいない。そう思ってもらえるのです。

プレーヤーおよびプレイングマネージャーで終わりたくない方は、視点を切り替えて周囲に安心されるアピールをしてみてください。

華僑流
逆転のルール
3

『韓非子』説林篇より
淵中《えんちゅう》の魚を知る者は不《ふ》祥《しょう》なり。

「ゼロを聞いてイチを言う」は災いの元

◇「上司の秘密」を思いがけず知ってしまったら……

華僑たちがよく使う言葉で、『韓非子』に出てくる古い諺《ことわざ》があります。

「淵中《えんちゅう》の魚を知る者は不祥《ふしょう》なり」

深い水中にいる魚の動きを察知するのは不吉である。すなわち、**人が胸中に隠している秘密や企みを知るのは後難の元**だという意味ですが、韓非子は別の篇で「知に処《しょ》すること則《すなわ》ち難《かた》きなり（知ったことにどう対処するかが難しい）」とも述べています。

誰かの秘密や企みを知っただけでは問題にならないが、**知った後の対処によっては身の危険もあり得る**ということですね。

そこで華僑が肝に銘じているのが**「知ったことを知ったと相手に悟られないこと」**。

「お前の秘密を知っているぞ」などと言えば攻撃されるのは当然として、口に出さなくともバレないとは限りません。知らないはずのことにうっかり反応してしまい、相手から警戒されるというミスもあり得ます。知られたかもしれないと思うだけでも、人は攻撃性を生じることがあるので要注意です。

私の知人は、まさにうっかりミスでチャンスを逃してしまいました。

彼は一年ほど前に、あるIT企業に転職したのですが、直属の上司である課長との相性もよく、リーダーに推薦してもらえそうだと喜んでいました。ところが急に課長の態度が変わって他の人がリーダーに抜擢されたのです。

彼が言うには、ある時、課長のスマホ画面が見えて、課長がアフィリエイトをやっているのを知った。会社は副業を禁止していないが、就業時間中だったので気づかぬフリをした。しかし後日、飲み会の席で何とはなしに「課長はアフィリエイトについて詳しいですか？　僕もやってみたいんですけど」と言ってしまった。すると課長は急に青ざめてトイレに立ち、それから彼を避けるようになった。

彼は知らなかったとのことですが、副業ＯＫになったのは数年前のことで、先進的な社風をアピールするために解禁となったもののそれは表向きの話。古参の幹部たちは、本業に集中しない恐れがあるとして最後まで反対していたのです。後ろめたいところのある課長は、彼の発言の意図を深読みして警戒したのですね。このように、人の秘密を軽く扱うと思いもよらない敵を作ることになりかねません。

うっかり口にしてしまうというミスを防ぐには、「尺度」が必要です。

相手が「自分に対して言わないこと」「見せないこと」には、一切反応しないと決めておけば安全でしょう。

孔子の弟子の子貢《しこう》が顔淵《がんえん》の賢さを讃えた「一を聞いて十を知る」はご存じかと思いますが、**「ゼロを聞いてイチを言う」**は災いの元と覚えたいものです。

◇黙らせたい相手にはあえて「ちらつかせる」

ただし、鬱陶しい相手を黙らせたいときには、華僑流の**「ちらつかせる技」**を使うのもありです。世の中には自分を大きく見せんがために、周囲を攻撃する人もいます。

たとえば、定期的に大口受注できる楽なクライアントを担当している営業マンが、単なるラッキーだと言われないように「○○社はものすごく大変だ」と周囲に吹聴する。それだけならまだしも、成績が振るわない人に対して「お前はオレのように大変な努力も苦労もしていないからダメなんだ」などと攻撃し始めたら問題です。

このような場合、**事実を突きつけるのではなく「ちらつかせる」のが有効**なのです。

「○○社さん、そんなに手強いんですか。そういえば知り合いに○○社の関係者がいるんですよ」。そう言うだけで、大人しくなるはずです。

華僑流
逆転のルール
4

「智恵」は他人から借りればいい

智慧《ちえ》ありと雖《いえど》も、勢いに乗《じょう》ずるに如《し》かず。
『孟子』公孫丑篇より

◇「考え込むこと」は、「爆弾を抱え込むこと」と同じ

どんなに優れた知力を持つ人でも、時の勢いに乗じる人には敵わない。

『孟子』のこの言葉は、ピンチに陥らないために覚えておきたい言葉のひとつです。

ピンチとは切迫した状態のことです。「あと三日で今月のノルマを達成しなければ！」「あと一時間で企画書を仕上げなければ！」「明後日までに資材を調達しなければ！」……このような期限に迫られるピンチは誰もが経験していると思います。

また、「早くしろ」と言われると焦る人も多いと思いますが、早くしようとして焦るだけでなく、早くできずに期待はずれだと思われたくないから焦る場合もあるのではないでしょうか？

何事もスピード重視の時代ですから、遅いと思われるのはリスクです。

ここで、勤勉な人は残業したり仕事を家に持ち帰ったりしてスピードが遅い分をカバーしようとします。そんな勤勉な人のために『孟子』の言葉を超訳してみましょう。

「完璧にして出す人より、早く出す人が評価される」

早く出すというのは「早めに関係者の前に晒《さら》す」ということです。

ビジネスの世界では、学生時代のような○か×かの正解・不正解はほぼありません。正解は関係者みんなで作っていくものです。自分がよいと思うものを追求してもそれが正解とは限らないのですから、不完全でも早く見せて共有し、間違いを見つけてもらって修正するほうがいいのです。

ノルマなども難しいと感じたら一人で粘るよりも早めに報告・相談する。そのほうが会社に迷惑をかけないで済み、自分もピンチに陥らずに済みます。

◇一流の人ほど「手を抜いている」

私はたくさんの華僑とつき合ってきましたが、焦っているところを見たことがありません。完璧主義ではない華僑は動きが早いから焦らない。それもありますが、彼らは突発的なピンチに見舞われてもまったく焦らないのです。

なぜなら起こり得ることのほとんどを想定しているからです。ではどのようにして華僑は想定しているのでしょう？　難しいことは何もありません。ただ事例を集めているだけなのです。

ピンチにしても、チャンスにしても、**突発的な出来事が発生したときこそ、考え込まずにたたみかける勢いが必要です**。事例を集めておくと、あれこれ考えることなく、事例に当てはめるだけですばやく反応することができるのです。

「資料や企画書を大急ぎで作って！」と頼まれた場合でも、事例を使える人はいちから自分で考えずに済むので早くできます。仕事を「定型化」しているのです。しかも、楽をしているのに「仕事が早い」「頭の回転が早い」と思ってもらえる。使わない手はないですね。

事例を集めるのは簡単です。新旧いろいろな人が事例を書き記してくれています。古典をよく読む方はお気づきと思いますが、**古典はその大半が事例集**です。中でも中国古典には四千年以上にわたる膨大な事例が記されており、現代に起こりうることもほぼ網羅しているといっても過言ではないでしょう。

日ごろ目にすること・聞くこともすべて事例です。私は本や新聞も事例として読みますし、人に会えばその経験・体験を教えてもらって事例集にどんどん加えています。

自分自身が経験できること、自分の頭で考えられることは限られていますので**「智恵」は他から借りればいい**のです。

華僑流
逆転のルール
5

「全勝」もなければ、「全負け」もない

敬《けい》を主として以《もつ》て其《そ》の内を直《なお》くす。
『近思録』為学類より

◇「嫉妬」を「尊敬」に変えれば人生楽勝

ネット社会になり、今まで見えなかったものが見えるようになりました。有名人から一般人まで、本来知るはずがなかった人の生活ぶりなどがSNSで流れてきます。そんな中、自分よりも恵まれた人を見て「羨《うらや》ましい」と思う場面が増えたのではないでしょうか。

ですが、**羨ましいと思ったら自分に負けます**。私は実際に負けました。

メーカーで営業マンをしていたとき、社内のエリートたちと肩を並べるにはとにかく数字だと営業成績で自信をつけてきた私ですが、一時期スランプに陥りました。

中途採用で転職してきたライバルにどうしても勝てなかったのです。学歴もあり、セールスのセンスもあり、上司にも気に入られている彼の営業成績は常にトップ。

私は内心、彼はもとから優れた資質を持っているから勝てるんだと羨み、努力することが馬鹿らしくなり仕事に身が入らなくなってしまいました。

広辞苑によると「うら」は「心」、「やまし」は「病む感じであるの意」。また「人の境遇・資質などが自分よりよいのを見てねたましい気持である」とあります。

妬みで心が病んでいる、そんな状態で自信を持って前向きに進むことなどできるはずもありません。

この経験から私は学びました。**嫉妬は傲慢《ごうまん》さから生まれる**のだと。自分にないものを欲しがるから妬む。掘り下げれば根本に、**自分は何でも手に入れられるはずだという思い上がりがある**ことに気づいたのです。

以後、私は羨ましい気持ちを尊敬に変えてきました。**人が自分より優れているところを尊び、敬う。敬意を持つことで謙虚になれます。謙虚であれば勝ったときに得意になって油断することもなく、負けても嫉妬せず次に備えることができます。**

そこで、私が座右の銘としているのがこの言葉です。

「敬《けい》を主として以て其の内を直くす」

敬うことに集中して心を正す、との意。**それによって他に心を奪われることなく外面的にも正しい行動ができるようになり、いずれは周囲に利益をもたらすようになる**のだと『近思録』に書かれています。人を敬うことで主体性が生まれ、常に平静を保つことができ、周囲に認められるようになる。そのように私は解釈しています。

◇「人の才能」は羨ましがるより、楽しむ

華僑は**「全勝ちもなければ全負けもない」**と言います。

ビジネスでも人間関係でも、自分のすべてが相手より上ということはない、相手のすべてが自分より上ということもない。だから**相手を上回る「部分」で勝てばいいし、相手が上回る「部分」をリスペクトすればいい**のだと。

たとえば、ライバル社のほうが商品力では勝っているが、アフターサービスの迅速さなど対応力はこちらが勝っている。ならばライバル社の商品力は認めつつ、こちらの対応力を訴求すればいい、ということですね。

さらに、華僑は**「人の恵まれた部分は楽しませてもらえ」**と言います。

芸能人がいい例です。容姿がカッコイイ、歌や演技が上手い、喋りが面白いなど、努力だけでは得難い才能で人を楽しませています。

羨ましがるより、人の優れた部分を尊敬し、人の恵まれた部分を楽しませてもらう。そのほうが人生何倍も面白く有意義になることは確かでしょう。

華僑流
逆転のルール
6

「上っ面の贅沢《ぜいたく》」に惑《まど》わされない

『呻吟語』養生篇より
天地の間の人に禍《わざわい》するものは、多きにしくはなし。

◇「美しいモノ」は古来災いの元

知人の女性が「片づけ」に苦労しています。昨今の片づけブームに乗って家の整理を始めたら不用品が出るわ出るわで、「これだけ無駄なモノを買ってしまった自分が嫌になって、片づければ片づけるほどストレスを感じて疲れる」と。

買物でストレスを解消する人も多いと思いますが、結果的にモノが増えてストレスになる、あるいはお金を無駄使いしたことにストレスを感じるという笑い話のようなことがめずらしくもない世の中です。

片づけ中の彼女も「わかってはいるけど、つい欲に負けてしまう」と言い訳をしていました。欲というのはコントロールが難しいものなのです。**欲を制する戦いは、古《いにしえ》より続く自分との戦い**です。

呂新吾《りょしんご》は『呻吟語』の中で、**人に災いをもたらす最大の元凶は「多いこと（多くしようとする気持ち）」**だと述べています。これが右ページの言葉の意味なのですが、続きがあります。**人に多くしようとさせるのは「美しいということ」以上にないのである**と。

多くしたい気持ちが「欲」で、欲を発動させるのが「美しいモノ」や「コト」。これは現代にもそのまま当てはまります。

対策としては美しいモノやコトを見ないか無視すればいい。ですが、それが困難なのだというのが現代日本人の大半の意見ではないでしょうか。

ネットがなかった頃に比べると、目に触れる美しいモノやコトの量が格段に増え、SNSが物欲だけでなく承認欲も刺激します。自分も美しいモノやコトを人に見せて、いいねと言ってもらいたい。そんなネット上のつながりは、楽しさを与えてくれる一方で、無限に欲をつなげて広げていく危険性もはらんでいます。

だからといってネットを使わないわけにはいきません。それは私も同じです。ただ私は、ネット上に見える美しいモノやコトにはほとんど反応しません。ネット上には**「見せたい人」しかいない、世の中の一部でしかない。**それを知っているからです。

本当に人の心を惑わせるのは、「見せたくない人」がこっそり楽しんでいるモノやコトです。「見せたい人」に欲を刺激されていては「見せたくない人」の世界へ足を踏み入れることはできません。まずは、**自分が見ているのは世の中のほんの一部だと認識することが重要。**それだけでお金や時間の使い方が変わってくるはずです。

◇本当に欲しいものは諦めない

ここでもうひとつ、呂新吾が著した名言の一部を紹介します。

「富貴《ふうき》は家の災いなり」

お金は家を滅ぼす災いである。多少極論的ではありますが、慎重すぎるくらいでないとトラブルは避けられないということでしょう。この名言を座右の銘としているお金持ちの華僑は、自分の子どもにさえお金があることを隠して慎ましい生活を送っています。人に見えないところではお金を使いますが、自由には楽しめません。人より多いのも苦労の元となるわけで「トントン」なんですね。

そんな華僑の足元にも及ばない私でさえ困った経験が……。私は物欲がほぼないのですが、唯一昔から欲しかったのがベンツのＳＬ。それをやっと手に入れたとたん「おねだり族」が続々押し寄せてきました。「車だけ長者」な私にはツラいところです。

しかし、それでも本当に欲しいものだけは手に入れるべきだというのが華僑および私の考えです。**物事には必ず光と影がある、それを念頭において、自分なりの美しいモノやコトを求めたい**ものです。

華僑流
逆転のルール
7

成功する人は、この「些細な兆候」を見逃さない

童牛《どうぎゅう》の牿《こく》は元吉《げんきち》なり。
『易経』大畜より

◇「ミスしても見つからなかったらセーフ」は本末転倒

「本当にありがたいと思ったんだよ」。こう言って真面目な友人が切り出したのは、先日スピード違反で切符を切られたという話でした。

「えっ何がありがたかったの？」と尋ねると「注意してもらったことに決まってるじゃないか」と彼。

「いつも速度を守って運転してるのに、そのときは考え事をしていてスピードオーバーに気づかなかったんだよ。気づかないって怖いでしょ。また考え事に気を取られて事故を起こすかもでしょ。だから警察官に、事故を防いでいただいてありがとうございますと言ったら、驚かれちゃってさ。警察官が逆切れされることも多いらしいよ」

違反しても見つからなかったらセーフ、見つかったらアウトと思うのは本末転倒だろう、と言う彼はあらゆる面でトラブルを避けられるでしょう。

そこで思い出したのが『易経』にある「童牛《どうぎゅう》の牿《こく》は元吉《げんきち》なり」。

まだ力が弱く角も生えきらない仔牛のうちに、角よけの横木を着けて人を害するのを防ぐ。そこから**「災難を未然に防ぐ」**との意味で使われている言葉です。

◇「耳に痛い言葉」は天の声

私が知る子だくさんの華僑は「童牛の牿は元吉なり」を訓育のモットーとしています。「一時が万事だからね。些細なことだと放っておいたら成功しない。些細な問題のうちに手を打てば失敗はない。自分も親がちゃんと注意してくれたからバカな失敗をせずに済んだんだ」

ドアを乱暴に閉める、話を聞かない、わざとらしいため息をつく。子どもの言動に反抗の兆候が見られたら、すかさず注意しなければならないと彼は言います。

子どもが親に反抗的な態度をとったとき、「なんだ、その態度は！」と怒りがちですが、それは注意ではなく感情の暴露。感情を抑えられない子どもと変わりません。

そこで華僑の注意はとても参考になると思います。

「パパはビジネスの相手がお前みたいな人だったらラッキーだと思う。何を考えているか丸わかりだし、自分をコントロールできないんだから。わざと怒らせて本音を言わせるなんて朝飯前だよ。お前は人からそういうふうに扱われたいのか？」

もちろん私も真似をさせてもらっていますし、社員の教育にも活かしています。

カッターシャツのシワ、靴や鞄の汚れ、寝癖。これらは気のゆるみの兆候です。放っておくと、商品のチェックを怠ったり、伝票を書き間違えたり、忘れ物をしたり、気のゆるみが事象として現れてきます。やがて必ず大きなミスをするでしょう。ミスをすれば叱らなければなりません。それが人を害するようなミスであれば懲戒も致し方ありません。しかし**兆候のうちなら注意で事足ります。**

「君はいい加減な人ではないのに、汚れた靴を履いていると細かいことに気を配れない人、だらしない人だと思われて損だよ」と。

自分が人から注意を受けたときにも、それがどんな形の注意であれ、**災難の兆候を教えてくれた**のだと感謝するべきです。

冒頭の友人のエピソードにしても、切符を切られるのは危険の兆候に対する注意のレベルです。だから友人はありがたいと思ったのです。

注意を受けて感謝するか、反発するか、その違いが人生の分かれ道だったりするのです。大げさではなく。

華僑流 逆転のルール 8

『孟子』公孫丑篇より

袒《たん》裼《せき》裸《ら》裎《てい》

たとえ他人が目の前で
裸になったとしても、
それで自分が汚されることはない

◇「無礼な人」にも反応しない方法

ファミレスなどで店員が水のグラスをガチャンと乱暴に置いた。そんなとき、あなたはムッとしますか？　私は、よくあることだと思いながらもスルーはできない。スルーはできないのですが、ムッとするより楽しむことを覚えました。

おそらく店員に悪気はない。じゃあなぜ？

この店は立地もいいし、いつも混んでる。放っておいても客が入るから、店員に丁寧な接客を指導していないのかもしれないな。

この子が育ったお家も礼儀作法にうるさくないのかもしれないな。

いや、もしかしたら店長に叱られて今機嫌が悪いだけかもしれないな。

そうです。「水ガチャン」につながるいろいろな事情を想像して楽しんでいるのです。

そんな心の余裕を与えてくれたのが、華僑を通して知った『孟子』の言葉。

無礼を意味する「袒裼裸《たんせきら》裎《てい》」の四字熟語をご存じの方も多いと思いますが、原文の前後も含めると次のような意味になります。

人は人、私は私。たとえ他人が私の前で裸になるような無礼をしても、それで私が

汚されることはない。

　恥ずかしながら私がムッとした場面で若い華僑から教えられたのですが、そのときはファミレスではなく、そこそこのホテルのラウンジで彼と話をしていました。

　私がムッとしたのは、コーヒーのおかわりを頼んだとき。アルバイトらしき若い女性がカップになみなみとコーヒーを注いだのです。これではカップを持ち上げることもできない。常識のないやつだと小言を言おうとしたとき、彼が先に「おお、たっぷり大盛り、サービスがいいね」と声を上げました。

「今流行のデカ盛りだね、ひょっとしてアナタ、そういうお店でバイトしたことある?」。これがドンピシャで「はい、つい最近まで」と女性。

「当たった!」彼は笑いつつ、さりげなく注意を与えました。

「でもこのお店ではほどほどがいい。ほら、持ち上げたらこぼれるからカップに口をつけないと飲めない。ほかのお客さんから見てもスマートには見えないでしょ?」

　女性が丁寧にお詫びとお礼を言ってテーブルを離れた後、「さすがだね」と褒めると、彼は照れながら「ちょっと今のはカッコつけですね。美人だったから話しすぎた。まあそれはそれとして、中国人社会ではみんな、お互い事情があるという考え方。マナーを守らないのも教えてもらう機会がなかったんだろうと。だから失礼な人がいても袒裼裸裎ね、別に気にしないですよ」

◇「まっ、いっか」でスルースキルスイッチオン

彼の余裕ぶりを目の当たりにして、映画『マトリックス』のシーンが頭をよぎりました。主人公が弾丸を避けるあのシーン。ピストルが怖いのは弾を避けることができないからです。弾道がスローモーションで見えたら？　まったく怖くないですね。

人とのやりとりも一時的にスローモーション化できれば余裕勝ちです。ムッとした時に「相手の事情を想像」することで、スローモーションスイッチが入るのです。

道でぶつかってきた人が謝りもしない、後から並んだ人が先に電車に乗った、機嫌の悪い上司に八つ当たりされた、お腹がすいているのに注文と違う料理がきた。実害はさほどないもののサラッとスルーもできない、そんなときはすかさずスイッチオン。

想像力を養う機会として楽しめば得した気分になります。我慢してやり過ごすよりもずっと気持ちよく「ま、いっか」と思えるはずです。

第四章

お金が巡ってくる人・逃げていく人のルール

――お金儲けに「たまたま」はない

華僑流
富のルール
1

お金儲けは「正義」だ

『論語』憲問第十四より
貧《まず》しくても怨《うら》む無《な》きは難《かた》く、
富《と》んで驕《おご》る無《な》きは易《やす》し。

◇「義」と「利」をセットにするのが正しいお金儲けの道

君なら分かるだろう、と前置きしつつ、ある華僑は「お金儲けは正義だ」と言いました。

「お金儲けをよくないことのように言う人もいるけど、それは決まって貧乏人。自分がお金儲けを知らないもんだから、何かずるい手を使っているんじゃないかと疑ったり、不公平だとひがんでしまう。僕も中国にいた頃はそうだったし、『論語』にもこうある。**『貧《まず》しくても怨《うら》む無《な》きは難《かた》く』。つまり、貧乏人が怨み事を言わないようにするのは難しい。片や、『富《と》んで驕《おご》る無《な》きは易《やす》し』。お金持ちが傲り高ぶらないようにするのは容易《たやす》いと。**そりゃそうだ。世の中から嫌われたらお金儲けできないんだから」

彼はボロボロになった『論語』の本をめくり「利《り》を見ては義《ぎ》を思う」の言葉を指して話を続けました。

「**利益を考えるときには、それが正しいことかどうかも考える。**『利』と『義』がセットじゃないと世の中が儲けさせてくれない。ビジネス的に僕はそう解釈してる。要するにお金儲けができてるってことは、世の中の義として正しいということ」

彼も、中国にいた頃は辺境の農村で貧しい生活を送っていたそうです。階級社会の中国では「世の中は不公平」なのが当たり前。しかし世の中を怨んで貧しいまま一生を終えたくない、自分の代で貧困のスパイラルを断ち切るのだと決意して祖国を飛び出したのです。

「今だから言えることだけど、『義』つまり世の中的に正しいという大義名分を振りかざして、少々ずるいと言えなくもないこともしてきた。でもそれの何が悪い？　貧乏を嘆いて世の中に文句言うだけより、よっぽど世の中の役に立ってるじゃないか。だから僕は、お金儲けはいいことだと断言するし、お金が大好きだと堂々と言う」

◇高く売っても「ウィンウィン」

そんな彼のお金儲けの秘訣は**「利念」**をもつこと。一般的には**「理念」**とするところをなぜ**「利念」**とするのか？　その心は**「常に相手の利を思う」**。

自分が提供する商品やサービスの価値を一般的な価値基準で決めつけず、**相手にとってどれほどの価値があるかを考える**のが「相手の利を思う」ことだと彼は言います。要するに、相手に合わせて高く売っても安く売ってもいいのだと。原価や流通コスト、市場の相場などから「適正価格」を算出することも大事ではありますが、そういった理窟には当てはまらない「人の心」にも対応するのが「利念」なのです。

「お金儲けのストッパーを外したいなら、理念より利念だね。たとえばこの『論語』の本。もし君が友だちじゃなかったら、君に百万円で売るよ。ほら、僕の解釈とか使い方がいろいろ書いてある。以前の君なら大喜びで借金してでも手に入れただろ？　百万円も払ったんだからと、これを使い倒してお金儲けしようとするだろ？　でも百円で買ったならよく見もしないで捨ててしまうかもしれない。場合によっては高く売ってあげたほうが相手のためになるってこと」

それ、今でも欲しいと内心思いましたが、どうやら私からお金を取る気はないようなので黙っておきました。

「お金儲けは正義だ」という堂々としたスタンスで「利念」をもってお金儲けに勤しむ華僑に、お金儲けのストッパーなどなくて当然です。その富のルールの中でも一番重要なのは「お金を全面的に肯定する」です。

華僑流
富のルール
2

「偶然」に期待することほど愚かなことはない

『呻吟語』応務篇より
当然あり、自然あり、偶然あり。

◇成功には必ず「理由」がある

「たまたま運がよかったんだよ」

どうやってお金持ちになったのか？　訊ねられた人がこのように答えることがありますが、真に受けてはいけません。詳しく話を聞けたなら、たまたまなどではなく、その人がやってきたことの**「当然」の結果**であることが分かるはずです。

「たまたまタイミングがよかった」「たまたま素晴らしいパートナーと出会えた」なども、客観的に見れば、普段の考え方、情報の取り方、人とのつき合い方などに因果関係を見つけることができます。

自分の行いの上に運がやってきたらラッキーですが「偶然のラッキー」に期待することほど馬鹿げたことはありません。**確実に成功したい、お金を得たいと思うなら、「当然」に目を向け、普段から「当然上手くいく」行動を取ること**です。

ある華僑と車で移動中のこと、彼は『呻吟語』の言葉を取り上げてこう言いました。

「**君子は当然を尽くす。**大城さんの車によく乗せてもらうけど、大城さんは一時停止ラインで必ず止まる。あるときは止まり、あるときは止まらないということはない。

だから、たまたま止まらなかったから事故を起こした、ということもない。それが当然ということ。上手くいく習慣を持っていたら、無意識でも当然上手くいくんだよ」

この話に学びを得て、私は子どもたちや社員が、**「無意識でも上手くいく行動」を取れるように習慣づけています。**

我が家ではいつなんどきでも玄関の靴がきれいに揃っています。たまたま乱れていることはありません。他のお宅でたまたま靴を揃えないことも当然ありません。

社員には言葉の習慣づけをしています。「分かりました」や「了解しました」という言葉を我が社の社員が使うことはありません。社内のやりとりでも必ず「畏《かしこ》まりました」を使う習慣をつけているからです。社外とのやりとりも当然安心です。

お金の習慣としては、私は買物の際には必ずポイントがつくクレジットカードを使い、現金を使うことはほとんどありません。日常的に現金はそれほど必要ないのですが、必ず一定額以上の現金を財布に補充する習慣も持っています。ですから急な接待などで現金が必要なときにたまたま現金が足りないということもありません。**このような小さな習慣が「当然お金に困らない」状態への着実な歩みとなる**のです。

◇「自然」の流れを見れば「当然」が分かる

ビジネスの成功にしても**「当然上手くいく」行動を取れば着実に成功に近づく**わけです。どんな行動を取れば当然上手くいくのか。それは世の中の自然の理《ことわり》、つまり**世の中の流れがどこへ向かっているか**を見れば分かります。

私が医療機器メーカーを立ち上げたとき、世の中の流れはこうでした。

海外メーカーの製品が流入してきている、中国の生産能力が上がってきている、国内で値上げの圧力が高まってきている。

そこで私たちは「業界ナンバーワンのＬＣＣ企業」のポジションを取ると決め、当然の行動として国内工場ではなく中国工場と提携しました。

そして今、ベトナムへの工場移転を検討しています。中国より人件費が安く人々が勤勉な上、経済成長が顕著なベトナムへの進出は、世の中の自然の流れに従った当然の動きだからです。私たちの会社も当然成長していくでしょう。

「偶然」に期待せず、「自然」と「当然」との因果関係を見極め、「当然」の努力を尽くす。そこに幸運がやってくるのは偶然ではないのです。

華僑流
富のルール
3

掘り続ければ必ず「金脈」に当たる

為《な》すことある者は、辟《たと》えば井を掘るが若《ごと》し。
『孟子』尽心篇より

◇富を得たかったら、「積み上げる」ではなく「掘り下げる」

「お金持ちになる秘訣は？」と質問されたら、こう答えます。

「お金持ちになると決め、諦めないことです」と。

なんの捻《ひね》りもないとガッカリしないでください。これは、華僑たちが貧乏からお金持ちになるのを実際に見てきた私からのベストアンサーなのです。

お金持ちになりたい人が全員お金持ちになるわけではない。それは「ならない」のであって「なれない」のとは違います。

現時点で私はまだまだですが、学生時代に将来必ずお金持ちになると決めました。資産家の子息というわけでもなく、高校・大学とスポーツ推薦で進むもスポーツで生計を立てるところまではいかず、誇れる学歴もなく……。「お金持ちになって当然」の要素はどこにも見当たりません。

でも必ず「なる」と信じて疑わなかった。華僑も同じです。**「なれない」と思わないから、諦めずに「なる」のです。**

諦めないとはすなわち継続。『孟子』の言葉通り、井戸を掘り続けるのみ。

継続といえば「積み上げる」イメージを持つ人が多いと思いますが、**華僑の継続は「掘り下げる」イメージ**です。お金持ちになるのを諦めないために、この違いが大きな意味を持ってくるのです。

積み上げて山を築こうとすれば、**周囲から土を取ってくる**ことになります。一方、掘り下げて井戸を作ろうとするなら、**掘った土を周囲に与える**ことになります。

この**「掘った土を周囲に与える」イメージが、掘り下げ型継続の重要ポイント**です。

たとえばサイドビジネスを始めた。上手くいくこともあれば上手くいかないこともある。上手くいかなければ他の方法を試す。

「掘った土を周囲に与える」とは、その試行錯誤を周囲と共有すること。すると同じようにサイドビジネスに取り組む人が集まってきます。アドバイスをしてくれる人も現れるでしょうし、力を合わせて取り組む仲間にも出会えるかもしれません。

そういった協力的なつながりができることで井戸を掘るスピードが早くなる上、掘ることに飽きても簡単にはやめられなくなります。周囲の目が牽制となり、意志力が弱い人でも挫折しにくいのです。

◇その金脈は、「あと一メートル先」にある

「井を掘るが若《ごと》し」の続きで、孟子は**「いくら深く掘っても、水脈に達しないうちにやめてしまうのは井戸を捨てると同じだ」**と述べています。

「水脈、すなわち金脈」というゴールをイメージできるのも掘り下げ型のメリットですが、水脈になかなか届かないといってやめてしまっては何の意味もありません。

だからこそ、ここを掘ると決めたら同時に「掘った土を周囲に与える」イメージを持ち、掘ること自体の価値にも目を向けて、少しずつでも継続することが大事なのです。

私の経験から言っても、「これをやる」と決めて、少しずつでもずっとやり続ければ必ず結果は出ます。

思ったほど儲からなかったとしても、気落ちすることはありません。

水が出ない穴ぼこを百個掘った人より、少しでも水が出る井戸を三個掘った人のほうが確実にお金持ちになるのですから。

華僑流
富のルール
4

「利」を抱え込む者は、
いずれ溺れる

上善《じょうぜん》は水の若《ごと》し。
『老子』第八章より

◇「生かし」「生かされ」「争わない」

「上善《じょうぜん》は水の若《ごと》し」。目にも耳にも心地よい『老子』の言葉を人生訓としている方も多いのではないでしょうか。

水は万物を利して争わないのがエラい。人が嫌がる低い所に流れて落ち着く水のように生きたいものだ、と。

ところで、老子とほぼ同時代とみられる孫子も「兵の形は水に象《かたど》る。水の形は高きを避けて下きに趨《おもむ》く」と述べています。

軍隊は水のように柔軟であるべきで、水が高い所を避けて低いところへ流れていくように、**敵の充実しているところを避けて手薄なところを攻めるのがよろしい。**

ざっとそんな意味ですが、華僑は『老子』×『孫子』で、富を生む独自のビジネス論を生み出しています。

低いところへ利を流して潤わせ、
利を抱え込む者の虚《きょ》を衝《つ》き、
高いところからの流れに抗《あらが》わない。

「低いところへ利を流す」とは、たとえば身銭を切って部下の面倒をみてやることや、自分の功績を主張せず部下の手柄にしてやること。利益を下の人に分け与えて味方につけていけば、下から持ち上げてもらえます。

「利を抱え込む者の虚を衝く」とは、欲深いライバルを出し抜くこと。下に利を流したがらない人から味方を奪うのは容易いことです。

「高いところからの流れに抗わない」とは、強大なライバルが現れた場合には、敵対せずに受け入れ、その力の恩恵にあずかるということ。

「水は低いところへ流れる」という古典の言葉から、自分よりも低いところに気を取られがちですが、自分よりも高いところから流れてくる水も当然あるわけです。

たとえば、大企業の参入。シェアを奪われてはたまらないと、業界一丸となって抵抗する向きもありますが、大企業はシェアを奪うだけでなくパイを広げて業界を活性化させる力も持っています。

大企業の参入によってシェアが下がっても、利益を増やせる可能性は大いにあるということです。それを忘れてはいけません。

大企業は小川に大量の水を勢いよく流し込んで運河に変え、しかも「ここに運河ができたよ」と世間に宣伝までしてくれるのです。流れのベクトルは同じなのですから、抗って流れを止めるより、流れに乗るが勝ちなのです。

◇お金は「水」のようなもの

華僑はよく**「お金は水のようなものだ」**と言います。**循環させなければ腐ってしまうと。**ですから、自分が水のように生きる、というのとは少々ニュアンスが異なります。

華僑のイメージでは、自分は水に浮かんでいる存在。水に浮かぶには、自分を身軽にしておかなければなりません。金貨がぎっしり詰まった袋を抱えていたら浮かび上がれず溺れてしまいます。だからこそ自分の利を抱え込まず、仲間に流して循環させ、仲間の水を増やしながら自分も浮かび上がっていくのです。

華僑と水、すなわちお金は「生かし生かされる」関係と言えます。

お金を生かし、お金に生かされ、他者とお金を争うことなく、共に生きながら無為自然に浮上していく。間違いなく豊かな人生を送ることができるでしょう。

華僑流
富のルール
5

天下を天下に蔵《かく》す。
『荘子』大宗師篇より

みんなのモノは、自分のモノ

◇華僑流「錬金術」――お金は、仲間内で「循環」させる

お金の保管場所として一番安心なのはどこでしょうか？

マイナス金利やマイナンバー導入などでタンス預金が増えているという噂もありますが、私たちが思いつきもしない場所を華僑は知っています。

それが**「天下」**です。『荘子』の「天下を天下に蔵《かく》す」を華僑は地で行くのです。

天下というものは確かにあるが、天下が誰のものかは分からない。だから誰も奪いようがない。ざっとこういう解釈で良いと思いますが、お金を絡めて超訳すれば次のようになります。

「これは自分のお金だと主張せず、仲間の共有財産のようにすれば、財産をなくす心配はない」

華僑は、**仲間同士でお金を回して自分の財産を「仲間の天下」に保管している**のです。もちろん税金対策などではなく、人生のリスクヘッジのためです。

仲間におごり、仲間のビジネスに投資するのはもちろん、困っている仲間がいればお金をあげてしまうこともめずらしくはありません。

なぜなら、人生何が起こるか分からないからです。ビジネスの浮き沈みはもちろん、災害や事故にあって突然死ぬことだってあり得る。そうなったときに助けてくれる人がいないと家族や従業員が困る。だから助けてくれる人を確保するために人助けをするのです。

できるだけたくさんの人を助ければ、自分が困ったときにたくさんの人が助けてくれます。一人ひとりは微力でも、たくさん合わされば大きな力となるので、個々の経済力などは問題にしません。

予めたくさんの仲間に自分の財産を預けておき、仲間のビジネスで増やしてもらう。もしくは智恵や人脈や援助などに替えて必要なときに使う。銀行に預けておくよりずっと賢明で、生命保険に入るよりずっと安心だと言えるのではないでしょうか。

また、華僑は**「お金は水のようなもの」**だと考えています。**お金も水も一カ所に留めておいては腐ってしまう。**だからビジネスを介して広く世間に循環させなければならない。自分の財産にしても**自分のところへ置いておくより「仲間の天下」の中で循環させたほうがいい**と華僑は考えるのです。

◇「お金を介したつき合い」を始めてみませんか

華僑のように「仲間の天下」に財産を保管するには、当然のことながら信頼し合える仲間が必要です。その点が日本人には難しく感じられるようで「無理だ」と言う人も少なくないですが、最初は一人だけでもいいのです。

華僑にしても最初から大勢の仲間を作ることはできません。**自分一人ではお金儲けはできないし、お金持ちになっても一人では楽しめない。**一緒に頑張り一緒に豊かな人生を楽しむ仲間が必要だと、小さなつながりを作るところからスタートして仲間を増やしていくのです。

まずは一人、この人なら信頼できると思う相手に「一緒にビジネスをしないか」ともちかけてみてください。ビジネスといっても、リスクの低い小額の投資などで十分です。お金を介したつき合いをして、**ほんの少しでも利益を共有することが「仲間の天下」作りの第一歩。**

お金や将来に不安があり、助け合える仲間が欲しいと思っている人はたくさんいますので、一歩踏み出せば仲間に加わりたいという人が集まってくるはずです。

華僑流
富のルール
6

「面倒くさいこと」はお金になる

速《すみ》やかならんと欲すれば、則《すなわ》ち達せず。
小利《しょうり》を見れば、則ち大事《だいじ》成《な》らず。

『論語』子路第十三より

◇華僑があえて「面倒くさいこと」をやる理由

何でも早くやってしまおうと急ぐな。小さな利益に目を奪われるな。

孔子が歳若い弟子の子夏《しか》に授けたアドバイスですが、現代人にこそ必要なアドバイスかもしれません。

時間もお金もかけたくない、何でも効率よくやりたい。多くの人が楽な方へ楽な方へと流れる中、楽でないこと、面倒くさいことをせっせとやっているのが華僑です。

時間もお金もかかる面倒くさいことといえば、まず思い浮かぶのが人づき合いです。華僑はメールで済ませてもいいような件でもわざわざ出かけていって直接会い、食事をしながら時間をかけて話をします。

取引先の社長の奥さんが旅行に行くと聞けば、現地の知人から地元の人しか知らない穴場の店などのレア情報を取り寄せて教えてあげます（現地に知り合いがいなくても、知り合いの知り合いをたどればいつかは当たると華僑は言います）。

外食や買物をするときは、知り合いがやっている店や知り合いから紹介された店を使い、別の知り合いにも紹介します。

華僑がなぜこのような面倒くさいことをするのかといえば、**リアルな人間関係や、その中で磨かれる人間的スキルに大きな価値があると考えているから**です。

古くさい考えのようですが、華僑の先見の明と、中国人のＩＴリテラシーの高さを忘れてはいけません。世界中にネットワークを持ち、ＩＴを使いこなす華僑は、常に最新の情報を仕入れてどう動くべきかを考えています。それは新興国への進出の素早さ、外国への投資や資産分散の的確さなどにも表れています。

『戦国策』に「愚者《ぐしゃ》は成事《せいじ》に闇《くら》く、智者《ちしゃ》は未萌《みほう》に見る」という言葉があります。愚かな人は物事の変化が具体的に現れてきても気づかず、**物事の本質を知る人は予兆もないうちに今後の変化を察知して対策を講じる。**華僑が「知者」の部類であることは間違いないでしょう。

◇「面倒くさいこと」には、人間的スキルを磨くチャンスがある

そんな華僑が現在、あえて面倒くさいことをするのは、来たるＡＩ（人工知能）時代を読んでのことです。**これからは楽なことを追求してもお金にはならないと。**

この先、効率が求められる仕事はＡＩのものとなり、人間に求められるのはＡＩを活用しつつ人間的に頭を使うことになっていく。このような予測を新聞や雑誌で見かけた方も多いのではないでしょうか。

作業を楽にすること、仕事を早くすること、コストを軽くすること。これらの「小利」に目を奪われると「大事成らず」。孔子のアドバイスはこれからの時代を生き抜き、お金に恵まれた人生を送るためにも、ぜひ覚えておきたいものです。

効率化のために頭も時間もお金も使っている。それが悪いこととは思いませんが、**あえて効率とは真逆の「面倒くさいこと」をやってみる**ことも必要です。

たとえば私は辞書を引くとき、分厚くて重い「広辞苑」を開きます。すると調べたい言葉以外の言葉も目に入ってきます。知っているつもりの言葉の意外な意味や出典を知ってどこかで使おうと書き留めたり、ふと目についた言葉からアイデアがわいたり。目に入ってきた言葉と思考を結びつけるのは、過去の経験、現在の状況、将来の目標などです。人間性や個性がそこに現れてくるのです。

まずはこういった日常的な「面倒くさいこと」をいろいろとやってみて、人間的スキルを磨く機会を増やしていってはいかがでしょうか。

華僑流
富のルール
7

『呻吟語』修身篇より
貧しきは羞《は》づるに足《た》らず。
羞づべきはこれ貧しくして志《こころざし》なきなり。

最も恥ずかしいのは、「お金のため」に志を忘れること

◇貧乏だからこそ「志」がある

『呻吟語』のこの言葉はあえて説明する必要もない名言ですが、華僑的には貧しいからといって志をなくすことはあり得ません。**貧乏だからこそ志がある。**それが自然ではないか？　と彼らは言います。

しかし中には、**上手くいきだしたときに本来の志を忘れてしまう人もいる。お金儲けが目的になってしまう。**そうなれば華僑の仲間からも白い目で見られます。

華僑が華僑たることを支える本来の志とは「故郷に錦を飾る」こと。成功の証として親の家を建て、帰郷の際には親類縁者に山盛りのプレゼントを贈る。それが華僑的スタンダードです。

なかなか真似はできないですが、親の面子を立てることが自分の面子を立てることになる中国人社会ではめずらしいことではありません。こう言えば「中国人はこれだからややこしい」と顔をしかめる人も多いですが、根源にあるのは日本人も重んじる**「孝《こう》」**。儒教のイデオロギーです。**その根源を忘れてただお金を追い求めるような人は、いくらお金持ちになっても、華僑として成功したことにはならないのです。**

◇「高みを目指す」からこそ見えるものがある

志が高すぎると挫折しやすいという考え方もありますが、私は、**志は高いに越したことはないと思います。**

四書五経のひとつ『大学』にある「身《み》修《おさ》まって后《のち》に家斉《いえととの》う。家斉《いえととの》って后《のち》に国治《くにおさ》まる。国治《くにおさ》まって后《のち》に天下《てんか》平《たい》らかなり」という言葉をご存じでしょうか。**自分を修身し、家庭を整え、国を治め、天下を平和にする。**

まず自分だということで個人主義の象徴として引用されることもありますが、「何のために」修身する必要があるのかといえば、最終的に「天下を平和にするため」なのです。**自分の利のためだけではなく高い志にコミットするからこそ、自分が上るべき階段の全貌が現れるのです。**

私は医療機器の販売会社を始める際に「患者さんの安心安全のため」という志を立てました。これは後に立ち上げた医療機器メーカーにも受け継がれています。業界全体のお客さんである患者さんにコミットすることで、お金がない起業当時から現在まで、志を曲げることなく粛々と仕事をして成長してこられたのです。

わずかな資金で始めた販売会社のショールームは、ワンルームマンションの一室でした。それを見て「見栄えも大切だよ」と忠告してくれるお客さんもいましたが、我が社の志に合うお客さんは、見栄えにお金を使わない意味（商品価格に反映されるコストは少ない方がいい）を理解してくれるお客さんです。

幸い多くのお客さんに理解してもらえ、志に賛同してもらえたのですが、上手くいきはじめたときに私はミスをしてしまいました。お金ができると外面を飾りたくなるものなのですね。調子に乗って不要なコストをかけて大失敗。

チャレンジしてお金を失うのはいい。でも見栄のためにお金を失うなんてものすごく恥ずかしい……。それ以来、誰かと会ったときに外面的な部分を褒められたら自分はまだまだの証だと考えて反省するようにしています。

高級外車で高級レストランへ行き、高級な食事を共にする。それで「こんなすごい車でこんなすごいお店に連れてきてくれて、ありがとう」と言われたら恥ずかしい。

ファミレスで食事をして「いい話を聞かせてくれて、ありがとう」と言ってもらえたら合格。自分はイケてると思っていいのではないでしょうか。

第五章

自信を養い・自分を高めるルール

――いつか死ぬこと以外、まだ何も決まっていない

華僑流
自分を磨くルール
1

『列女伝』母儀伝より
孟母《もうぼ》三遷《さんせん》

「レベルの高い集団」に飛び込めば、自動的に成長できる

◇「集団のホメオスタシス効果」で飛躍的に成長する

「マンガならいいけど、ビジネス書は読まないほうがいい」。上司からこんな注意を受けたら、どう思いますか？　私は心底ビックリしました。マンガならいい？　反対ではないのか？　仕事に役立つビジネス書をなぜ否定するのか？　理解できない……。

追々分かったのですが、上司の言い分は「ビジネス書を読んで勉強なんかしていると、転職とか何かよからぬことを企んでいると疑われるぞ」だったのです。

なるほど一理あります。しかしこの時、ここにいては自分の成長が止まると気づいてしまった。親切な上司の忠告は、私が退職を決意する要素のひとつとなりました。

自分をもっと高めたい、磨きたいと思ったとき、最も効果的なのは**「環境を変えること」**です。孟子の母が、幼い孟子をより良い環境で育てるために三度引越をしたという「孟母三遷《もうぼさんせん》」。大人は自分に対して「孟母三遷」を実行すればいいのです。私は会社を辞めましたが、スクールやセミナーなど外部に新たな環境を求めるのも手です。

何にせよ不安は伴います。とくに向上心から新しい環境を求める場合、自ずと従来よりもレベルの高い人たちの中に入っていくことになる。「自分がこのレベルについていけるだろうか……」という不安が出てくるのは当然のことです。

でも安心してください。最初はレベルの差があっても、**「集団のホメオスタシス」**によって自然と集団の平常値レベルに引き上げられていきます。思ったよりも早く、レベルの差を感じなくなっていることに気づくはずです。

ホメオスタシス（恒常性）とは、生物の体内の状態を平常に保とうとする性質。平熱より体温が上がれば汗を出して下げるなど、普段の状態に戻そうとする調整機能を働かせるものです。それは個々の人間だけでなく、人間の集団にもあるのです。

レベルの高い集団の中では、レベルの低い状態が「異常」。**レベルの低い人は、集団のホメオスタシスによって「平常」レベルに引き上げられます。**

逆も然りで、レベルの低い集団の中に一人だけレベルの高い人がいれば、それが「異常」となり、集団のホメオスタシスによって引き下げられてしまいます。

孟子の母がここならＯＫと落ち着いたのは、学校が近くにある環境。そこに集まってくる人の集団では、学び向上しようと努めるのが「平常」です。孟子が学問の道を進み、儒学者となったのも自然・当然の結果なのです。

◇「未知の世界に飛び込むこと」を恐れるな

冒頭のビジネス書否定もあって会社を辞めようと決意した私が飛び込んだのが、華僑社会です。以前から会社を辞めるなら転職ではなく起業しようと考えていたのですが、すぐに起業しなかったのは、それまでが「恵まれすぎていた」からです。

私が勤めていた会社は業界トップメーカー。セールスパーソンがすごく頑張らなくても知名度で売れるという恵まれた環境でした。自分の力で物を売ったことのないままで起業しても上手くいくはずがない。そう考えて、商売上手な華僑の集団に思い切って飛び込んだのです。

常識からして違う環境の中では想像以上の苦労もありましたが、弟子入りという形で飛び込んだのは大正解。客人扱いでは華僑集団のホメオスタシスは作用しないからです。起業する前に自分でお金儲けをする感覚をつかめたのも、ちんぷんかんぷんだった中国語をふと気づいたら喋っていたのも、集団の中にどっぷり浸かったからこそ。

未知の世界は、知ろうとしない限り永遠に未知のままです。そして今とは違う世界を知るために必要なのは、芽生えた向上心を後押しする少しの勇気だけなのです。

華僑流
自分を磨くルール
2

君子は文を以《もつ》て友を会し、友を以て仁《じん》を輔《たす》く。
『論語』顔淵第十二より

「形だけの勉強」は、人生のムダ

◇世の中には「二種類の友だち」がいる

ＳＮＳ友だちという新ジャンルの友だちの出現で、誰がどういう友だちなのかよく分からないという人も多いのではないでしょうか？

私は自分本位で大きく二種類に分類しています。

「リフレッシュさせてくれる友だち」と、**「自分を高めてくれる友だち」**。

前者は、昔話や馬鹿話で盛り上がれる学生時代からの友だちが大半。遊びを通じて仲良くなった人たちです。

後者は、社会人になってからセミナーで知り合った友だちや起業後ビジネスを通じて知り合った友だちで、向上心や探究心を刺激し合えるという共通点があります。

『論語』にある**「学問を通じて友だちを作り、互いの仁徳を助け合う」**に近い友だちですね。学生時代に学問を通じて友だちを作らなかったのが皮肉ですが……。

この先、私が作りたいのは、「自分を高めてくれる友だち」です。もしあなたもそうなら、前項で述べた「環境」を変えることが大切になってきます。**良い友だち作りは良い環境から。**良い環境に身を置けば友だち探しをする必要はないのです。

ただし、良いと言っても**「自分にとって良い」でなければ理想通りにいかないことを見落としてはいけません。**

月の小遣い三万円の会社員時代から高額の勉強会にお金を使ってきた、というのが自慢の私ですが、それだけに失敗経験も豊富です。

最近では、超有名な経済人が塾長を務める塾に喜び勇んで入ったものの「間違えた！」とすぐに気づきました。

素晴らしい塾ではあるのですが、対象者が私ではなかったのです。塾生の大半は名のある会社の幹部もしくは幹部候補。会社員として会社に貢献するために集まった人たちですから、私のようなオーナー経営者とは求める学びの本質が違います。

普段交流の機会がない人たちと出会えたのはよかったですが、互いを高め合う仲には至らず。レベルの違いならまだしも、目的の違いはどうしようもありません。

◇「資格コレクター」だけにはなるな！

この手の失敗を繰り返す私の弱点をビシッと指摘したのは、他ならぬ華僑の師。

「大城さんが起業するとき、私言いました。形から入るなと。それがちょっと儲かったらカッコつけたがる。勉強するのはいいけど、今のビジネスの規模で学者が作った形を真似ても何の意味もない」

なかなかに手厳しい指摘ですが、言われるだけのバカをやっているのです。

実は数年前まで、不定期的にやってくる「留学してＭＢＡを取るぞ！」という学習欲のビッグウェーブに翻弄されていました。この波に飲まれると朝まで夢中で大学のＨＰや入試範囲を調べるなどして時間を費やすことに。しかし冷静に考えればＭＢＡもベンチャー経営者には不要のもの。私がやるべきは師の言う通り、理窟に現実を当てはめることではなく、現実をどうするかを考えることです。

学習欲というものは数多ある「欲」の中でも高級な扱いをされていますが、「欲」は「欲」なのです。もう一度『論語』の言葉を見てみましょう。

「君子は文を以《もっ》て友を会し、友を以て仁《じん》を輔《たす》く」。孔子が説く道徳観念の「仁」には、克己、自己抑制の意味もあります。孔子の高弟である曾子は私のような間違いや勘違いをする人をたくさん見てきたのかもしれません。欲に惑わされず、本当に自分のためになる環境・友だち・学びを得るために「友を以て仁を輔く」を覚えておきましょう。

華僑流
自分を磨くルール
3

『荀子』勧学篇より

麒驥《きき》も一躍にしては十歩なること能わず、
駑馬《どば》も十駕《じゅうが》すれば則《すなわ》ちこれに及ぶべし。

「人より条件が不利なこと」を喜べ

◇まず捨てるべきことはこの「思い込み」

華僑ならぬ和僑《わきょう》（海外でビジネスをする日本人）の友人がフィリピンで新しいビジネスを始めたと聞き、現地を見に行きました。そのとき初めて知ったのですが、彼はまったく英語が喋れない。英語だけでなく外国語全般ダメで日本語オンリー。それなのに通訳もなし。

どうするのか見ていると、彼はフィリピン人に日本語で語りかけたのです。さも当然であるかのように。お互い言葉は理解不能、それでもなんとなく意思疎通できているのが、おかしくも頼もしい。実際、彼は現地の人を雇ってビジネスをしているのです。和僑もなかなかやるじゃないかと、誇らしい気持ちになりました。

華僑や印僑に比べて、和僑は出遅れているだの、スケールが小さいだのと言われますが、日本人が能力的に他より劣っているわけはありません。ある思い込みを捨てるだけで、誰でもフィリピンの彼のように、気負いなく国境をまたいで活躍できる可能性があるのです。そこで紹介したいのが『荀子』の言葉。

名馬も一足飛びに十歩進むことはできないが、駄馬《だば》でも十日歩めば名馬に及ぶ。

凡人だからできないと諦めずに歩を踏み出し、投げ出さないことが大事だと読むことができます。そうです。**まず捨てるべきは「○○だからできない」という思い込み**なのです。英語が喋れないから英語圏でのビジネスなどできっこない。それが思い込みであることは、フィリピンの彼が証明してくれています。

名馬は人間でいうところのエリートです。一流の教育を受け、一流企業で一流のスキルを身につけ、語学もバッチリ。そんな一流の条件が揃っていれば何だってできて当たり前だと、思い込んでいないでしょうか？

実は、条件が揃っている人は、**その条件を活かせる環境が整っているところでは有利だというだけ**なのです。サラブレッドの活躍の場が競馬場であるように。

決まったコースを速く走れるように身体作りをしてメンテナンスされているのがサラブレッドです。そんなサラブレッドにデコボコの山道を歩かせたら？　速く走れないどころか、足を折って倒れてしまうでしょう。

ですからエリートは最初から山道など選びません。そんな山道を行く場合に有利となる条件はただひとつ**「条件を問題にしないこと」**です。

◇「何もない」からこそ智恵が生まれる

日本人唯一の弟子として、華僑の師が私を受け入れたのも「条件を問題にしない」という条件を満たしていたのが私だけだったからだと師は言います。

「この仕事はやったことがない、この業界には知り合いがいない、これをするには予算が足りない。逆にいえば、経験があれば、ルートがあれば、お金があれば、ぜんぶ条件でしょ。条件が揃わないとできないと言う人はダメ。私らを見てみなさい。お金ない、言葉分からない、友だちいない、仕事ない。最初は何もないのが当たり前。条件なんか揃ってないほうが金持ちになると言ってもいいんじゃないですか？」

何もないからこそハングリーになれる。智恵が生まれる。人とは違うことを思いつく。だから条件が揃っていないことを逆に喜ぶべきなのだと。

私も起業当初から智恵を絞ってきました。医療機器のサンプルが必要だがお金がない。どうしたかというと、メーカーに交渉して売れたら代金を払う約束で貸出してもらったのです。「前例がない」と「可能性がない」はイコールではありません。

条件を気にするのをやめれば、新しい世界への扉がバーンと開くはずです。

華僑流
自分を磨くルール
4

『呻吟語』性命篇より

深沈厚重《しんちんこうじゅう》なるは是れ第一等の資質、
磊落豪雄《らいらくごうゆう》なるは是れ第二等の資質、
聡明才弁《そうめいさいべん》なるは是れ第三等の資質。

一流になりたければ、「この言動」を今すぐやめなさい

◇「言わずにやる人」が信頼される

堂々として何事にも動じず寛容な人物。豪快で細かいことにこだわらない人物。頭脳明断で弁が立つ人物。その昔、呂新吾《りょしんご》が見いだした三つのタイプは、そのまま現代における「憧れの人物タイプ」に重ねることができます。さらに一般的評価の高い「聡明才弁《そうめいさいべん》」タイプを三流に据え置いたところが鋭い。洞察の深さを感じます。

華僑社会を見ても、仲間をまとめるボスは切れ者という印象を与えません。**自らは言葉少なく相手に多くを喋らせ、常に沈着している様子はまさに「深沈厚重《しんちんこうじゅう》」。**

ずっしりとした貫禄の前では、**頭がよく弁が立つ人ほど丸裸にされたような気分になり平静を失ってしまう**のです。

「聡明才弁」タイプは仕事ができ皆からちやほやされるものの、「この人についていこう」と思うかどうかというところでは、安定感に欠ける場合があるのですね。

若い頃には華のある「聡明才弁」を目指したとしても、誰しも歳をとり責任も伴ってくるわけですから、四十才前後を境に「深沈厚重」へと向かうのもいいのではないでしょうか。

かくいう私は今年四二才を迎えるところで、三十代までは弁が立つことが自分の一番の取り柄《え》だと考えていました。「ああ言えばこう言う」切り返しが得意なおかげで多少のピンチは軽々とクリア。しかし華僑の師にはその軽々しさを見抜かれ**「口先で一時しのぎを繰り返せば結局は信用を失う」**と、よく諭されたものです。

そういう意味でも、**最も信用されるのは言葉ではなく行動で示す「言わずにやる」人**ではないでしょうか。「言わずにやる」人が真価を発揮するのは皆が困ったとき。たとえば一緒にプロジェクトを進めていたメンバーが突然辞めたなど、困る場面というのはどこかで必ず出てきます。そこで黙ってスッスッと代理を務める、そういう人こそが皆から頼りにされる「深沈厚重」な人物と言えるでしょう。

自分が上の立場であればなおのこと。自分がやったほうが早いし確実だとしても、それをわざわざ口に出すのは「深沈厚重」から遠ざかる行為です。まずは黙って任せる。そして部下が困難に打ち当たったときにしっかりと導く。そうすれば部下は「上司のほうが上手くできることをやらせてくれている、チャンスを与えてくれているのだ」と自ら気づき、命令ではなく感謝によって気持ちよく動いてくれるのです。

◇「深みがある人」の特徴

自分を一流に磨く第一歩は、深《しん》・沈《ちん》・厚《こう》・重《じゅう》の対義である浅《せん》・浮《ふ》・薄《はく》・軽《けい》を慎むことです。浅い考え、浮ついた心、薄っぺらい智恵、手軽な方法などですね。

ここでは「軽」の例として「効率」を挙げてみましょう。コスト、時間、作業量などを削って効率を上げれば負担は軽くなります。効率を追求するとは、何かを削って軽くしていくことだとも言えるわけです。ビジネスには効率も大事ではありますが、**何事も効率だと決めつけず、あえて負担の重い方法を取ったほうがよい結果になることもたくさんあります。**

たとえば「初めて会った人には翌日までにお礼のメールを送って印象づける」という人脈術。手軽だし効果がありそうだと実践している方も多いと思いますが、その後も連絡を取り関係が発展したという実績は思いのほか少ないのではないでしょうか。

華僑たちは、すぐではなくても電話をかけてお礼を述べ、季節の挨拶状を送り、中元・歳暮も欠かしません。メールに比べれば負担は重いですが、その分、相手を重んじていることが伝わり、「礼儀の分かった人だ」と丁重に扱ってもらえるのです。

華僑流
自分を磨くルール
5

『韓詩外伝』より
三利《さんり》あれば、必ず三患《さんかん》あり。

「ポジティブバカ」「ネガティブバカ」にはなるな

◇「三利三患」か、「三患三利」か

「メリット」の反対は「デメリット」です。

　では「成功」の反対は？　華僑的思考でちょっと考えてみてください。

「失敗」でないことは、すでに見抜いていらっしゃるかと思います。そうです、華僑的模範解答は**「何もしないこと」**です。

　結果が良くても悪くても、行動すれば経験値が上がります。前進です。

　何もしなければ？　後退です。停止ではありません。**自分が止まっているつもりでも、絶えず流れている時間にどんどん置き去りにされているの**です。

　さて、私たちは通常、大事な選択をするときに（たとえば転職や結婚など）、メリットとデメリットを天秤にかけてゴーかストップかの判断材料とします。

　どんな物事にもメリットとデメリットの両面がある。そこでどちらが多いかを見極めるのは、常識的で正しいことのように思います。

『韓詩外伝』には「三利三患《さんりさんかん》」という言葉があります。三つメリットがあれば必ず三つデメリットもある。つまり、両方同じだけあるというのです。

それでもゴーだ！　と迷わず前進する人は少数派ではないでしょうか。

当然です。「三利三患」という言葉は、もともとは慎重になりなさいという忠告なのですから。メリットを得るより、デメリットを避けようとするのが人間の心理です。だからこそ、この字の並びになっているのです。

華僑が違うのは、**逆もありきと「三患三利」に組み替えてしまうしたたかさを持っていること。**三つデメリットがあれば必ず三つメリットもあると。

意味は同じでも、恐れずに前進してみようという勇気がわいてきませんか？

◇「弱点」を「強み」に変えるこの工夫

動け、前進だといっても、むやみに突進するのは愚か者です。「動く」とは、メリットもデメリットもしっかり分析し、対策するということです。

私の事例で説明しましょう。私は以前、物販事業の一環としてベトナムからワニ皮の鞄を輸入して販売していたのですが、やはりメリットとデメリットが同じだけ（この時は大まかに二つずつ）ありました。

メリットは、皮の質がとてもよく、なおかつ仕入れ値が安いこと。

デメリットは、職人の技術のばらつきにより、持ち手が外れやすいなどの難あり製品が混じってくること、天然素材のため調達が不安定で販売計画が立てにくいこと。

難あり製品をそのまま販売すればクレームは必至。かといって工房にかけあっても即改善とはなりません。

そこで私が打った対策は、日本国内で革製品のリペア業者を確保することでした。最初から少々難の可能性がある商品としてディスカウント価格で販売し、修理対応もきちんとする旨を明記。持ち手が外れてもお客さんは「連絡」をくれるだけでクレームにはなりません。

供給の不安定さについては、「天然もののため確約はできませんが」と断った上で、個数限定の予約販売としました。希少性という付加価値のおかげでこれも楽々クリア。

対策できるならデメリットなど恐れることはないのです。さらに、デメリットをメリットに変えることが可能なことも、事例からお分かりいただけたかと思います。

古典の教えは素晴らしいですが、**どう解釈してどう活かすかは自分次第**です。華僑のように、自分に寄せてアレンジしてしまうのも大いにアリですね。

華僑流
自分を磨くルール
6

「今」を大事に、「今」にとらわれない

将《おく》らず迎えず、応じて而《しか》して蔵《おさ》めず。
『荘子』応帝王篇より

◇今日を悔むより、明日という「新しい今日」に備えよ

「明日は遠足、楽しみだなあ」。明日が楽しみでなかなか寝つけなかった。そんな思い出は誰にでもあるでしょう。でも明日を楽しんだという人はいないはずです。

なぜなら、寝て起きたら「今日になっている!」からです。

「未来」を想像することはできても、未来を体験することは永遠にできないのですね。対して「過去」は体験の集大成ですが、体験し直すことは永遠にできません。

過去の学びを踏まえて今を生き、今から先の未来に思いを巡らせる。私たちが生きるのは今、「現在」だけです。

だから**過去を悔やまず、未来を案ぜず、今このときに応じた行いをして、それも心にとどめないことだ**、と。この『荘子』の言葉の中でも「とどめない」の部分がとても意味深いと私は感じました。今が大事だと言っても、今この瞬間もどんどん過去になっていきます。時間の流れはとどまらないのだから、刹那的に今にこだわることもないと荘子は言っているのではないでしょうか。

たとえば今日からランニングをしようと決意した。今から三キロ走るぞと。

でも一キロしか走れなかった。それでもいいのです。もっと言えば今日はやめて「明日から走ろう」でもいい。

『論語』にこんな言葉があります。

「仁、遠からんや。我仁を欲すれば斯《ここ》に仁至る」

自分が仁を望めば仁が近づく。つまり、自分がかくありたいと願ったときにそうなりうるということです。やろうと思った瞬間にエンジンがかかるわけです。今エンジンをかけたのが大事なのであって、走り出すのは明日でもノープロブレム。

今日できなかったとグズグズするくらいなら、さっさと寝て「明日という新しい今日」に備えましょう。

華僑も「今」を起点にしながら「今」にこだわっていません。**今上手くいかなくても修正すればいいだけ**だと考えるので、落ち込むことはありません。

このやり方ではダメだと分かったとき、今のやり方にこだわらずにサッと修正する。それができるのは、過去の学びから未来のいろいろな可能性を想定しているからです。「現在」を見るとき、過去も未来も俯瞰しているわけです。

◇過去は変えられないが、過去の評価は変えられる

この章の締めくくりにぴったりなのが、華僑の「過去」についての考え方。

過去は変えられないと考えるのが普通かと思いますが、華僑は変えられると言うのです。もちろん、華僑といえども過去に起こった事実は変えられません。変えられるのは**「過去の評価」**です。私の例で説明しましょう。

私の噂を聞いて会いにきたという華僑から、こんなことを言われました。

「よかったら失敗した話を聞かせてほしい。大城さん、前に三千万円も損したと聞きました。それに耐えて、さらにビジネス広げたと。すごいと噂ですよ」

そうです。失敗した時点での私の評価は「失敗したバカなヤツ」もしくは「気の毒な人」。しかし立て直して、失敗する前の二倍、三倍と利益を伸ばした後では「失敗を糧にして成功したすごい人」に変わったのです。「失敗がなければ成功しなかっただろう」くらいの言われようですから、今では確実にウケる鉄板ネタになっています。

今の時点ではマイナスの過去も、今からどうするかでプラスに変えることができる。

だったら失敗を恐れることはないし、過去の失敗を悔やむ必要もありませんね。

華僑流
自分を磨くルール
7

人に勝たんと欲する者は、必ず先ず自ら勝つ。
『呂氏春秋』先己篇より

「たくさん稼げたか」ではなく、「お金を使ってどう生きたか」が重要

◇「自分に満足」すれば、人に負けることはない

あなたは今年何歳になりますか？　私はやっと三歳を迎えるところです。

なんだ、大城はまだ三歳か。そう思った方はきっと、生まれ戻った経験をお持ちなのでしょう。人生は一度きり、ですが、何度生まれ戻ってもいいのです。

私は三年前に生まれ戻ってゼロ歳から出直しました。生まれ戻ったのはこれが初めてではなく八回目です。「生まれ戻る」とは今日生まれたつもりになること。他人として「生まれ変わったつもり」とは違って、あくまでも自分は自分です。

ではなぜ生まれ戻る必要があるのか？　赤ちゃんは自分と他者を比べたりしないからです。赤ちゃんに戻ったつもりになれば、絶対的存在としての自分に集中できる。**何だかんだ人と比べての相対評価に振り回されている状態をリセットできる**のです。

そこで**「人に勝ちたいなら、まず自分に勝つべし」**という『呂氏春秋《りょししゅんじゅう》』の言葉ですが、一歩踏み込んだ華僑の解釈では**「自分に満足すれば、人に負けることなどあり得ない」**となります。**自分に勝つということは、他の誰でもなく自分が自分を認めるということ。自分を認め自分に満足している人が他者に負けることなどないのだと。**

大切なのは、「自分に」満足するという点。「自分に」を他のものに置き換えたならどうでしょう？　学歴に、収入に、肩書きに、会社に、結婚相手に、家に、車に……。

ほんの一例ですが、これらを対象とした場合、自分がどうかよりも「人と比べてどうか」や「世間的にどうか」が気にならないでしょうか？

人と比べて満足しようとするなら、比較対象（誰と何を比べるか）と合格ライン（どこでよしとするか）の設定が必要になります。それをクリアしたとして、もっとすごい人が現れたら？　永遠に満足できない、終わりなき戦いに足を踏み入れてしまうかもしれません。実際、そんな戦いに足を踏み入れて疲れ果てている人も多い中、**自分を認め、「自分が大好きだ」と言える人は無敵**です。

どんな自分であれば、自分を認め自分に満足することができるのか。その合格ラインを決めるのも自分。人にとやかく言われる筋合いはありません。たとえば私は今ベンツのＳＬに乗っていますが、車を褒められても嬉しくない。自分が褒めたいのは、若い頃からの憧れを憧れで終わらせなかった自分です。ちなみにファッションはダサいと言われますが気にしません。それが私であり、私が認める私なのです。

◇「生まれたら死ぬ」——人生で唯一決まっていること

私が知る華僑は、老いも若きも同じことを言います。

「人生で確実に決まっていることがひとつだけある。生まれたら死ぬということ。死ぬ時に自分が自分の人生に満足できなかったら、成功とはいえない」

「華僑」といえば経済的な成功を第一としているイメージがありますが、実は彼らにとっての成功は**最終的に満足だといえる人生を送ること**なのです。

華僑の師いわく、「お金は自分の能力の証」。

「家族や友だちと楽しい人生を送りたい。親兄弟にも豊かな暮らしをさせてあげたい。自分の望みをかなえるために必要なお金を稼ぐ能力があるかどうか。人よりたくさん稼げるかは関係ない。一番大事なのは、**私がそのお金を使ってどのように生きたか**です。私の子が誇りに思って孫に話してくれたら私は大成功」

自分に向き合うといっても「自分はなぜ生まれてきたのか?」を考えると、人が自分をどう思っているか（評価しているか）が気になってしまいます。それよりも**「自分はどのように生きたいか」**を考えて日々研鑽《けんさん》を積みたいものですね。

華僑流
自分を磨くルール
8

「自然な変化」は恐れず、「不自然な変化」は遠ざける

窮《きゅう》すれば則《すなわ》ち変ず、変ずれば則ち通《つう》ず。
『易経』繋辞伝より

◇そして、道は必ず開ける

今何かに行き詰まっていてもがいている。もしあなたがそういう状態なら、**今、人生の棚卸しのチャンスが訪れた**のだと考えてください。

人が最も無駄にしている時間は探し物をしている時間だと言われます。時々棚卸しをしなければ停滞している時間が増え、さらには本当に大切なものがどこにあるかも分からなくなってしまいます。

行き詰まるというのは、今、停滞が窮まった状態でそれを打破すべきときがきたのだと教えてくれるサインなのです。

『易経』の言葉を見てみましょう。

窮《きゅう》すれば（どうしようもなく行き詰まると）則《すなわ》ち変ず（変わらざるを得なくなり）、変ずれば則ち通ず（変われば自ずと道が開ける）。

今窮しているということは、次には何かを変えるときがやってくるはずです。その変化は、**現状を打破して新しい道を開くための大切なプロセス**ですから、怖がることはありません。私も過去に行き詰まり、そして大きな変化を体験しました。

私が行き詰まったのは、サラリーマン生活の終わりのほう。それまでは、時々社内の賞を取るくらいの成果は出し、毎日同僚や後輩と飲み歩き、けっこう楽しくやっていました。しかし元来強くはないお酒を毎日大量に（生ビールを大ジョッキで一〇杯流し込むのが慣例）飲んでいたせいで、身体をこわしてしまいました。めまいが頻繁に起こるようになり、さすがにお酒は控えるようにしていましたが、それでも酔っぱらったようなフラフラ感が消えず……。

ついに私は変わらざるを得なくなりました。お酒を完全にやめたのです。

そして、お酒をやめた途端、あらゆる物事が好転。

華僑の師と出会い、ダラダラ勤めていた会社を辞める決意を固め、起業。志を共にするパートナーや仲間にも恵まれ、いろんなビジネスにチャレンジするチャンスもつかんでいきました。もちろん失敗もあり、別れもあり、反省多々あり。それらは身体をこわした時ほどではないものの、やはり棚卸しのキッカケとなりました。

今では本まで書かせてもらっているわけですが「あなたが上手くいった理由は？」と訊かれれば、私は迷うことなく「お酒をやめたことです」と答えます。

◇「変えていいもの」と「変えてはいけないもの」

祖国で生活に窮し、生きる場所を変えざるを得なくなった。生きる場所を変えたことによって成功への道が開かれ、世界中で影響力を持つようになった。

華僑の人生も華僑の歴史も**「窮→変→通」**そのものです。

私の例でも分かるように、「窮→通」ではありません。**ポイントは「変」**です。

それも「変わりたいから」ではなく「変えざるを得ないから」「変わらざるを得ないから」変わることを受け入れたという点。**人為的ではない、自然の理による変化を経て道が開かれる**のです。

飽きたから、刺激が欲しいから、もっと楽しい生活がしたいからなどの理由で変える必要のない物事を変えると、その変化によって窮することになるかもしれません。

そのことをよく分かっている華僑は、上手くいっている物事を変えようとは絶対にしません。

必要に迫られての変化を恐れずに受け入れ、不自然な変化は恐れて遠ざける。そんな華僑が致命的ピンチに陥らないのも、自然の理といえますね。

華僑流
自分を磨くルール
9

読書は「先人」との語らい

善言を与うるは布帛《ふはく》よりも煖《あたた》かなり。
『荀子』栄辱篇より

◇いい本が、いい人間関係、いい人生を作る

総額いくらくらいだろう？　見当もつかないなあ。

今日届いたばかりの段ボールを開けながら、ふと考えました。

見当もつかない、というのは私が今までに本に費やした金額です。今日届いたのは七冊。コンビニでアイスを買うのもためらう（一五〇円って高いんじゃないか？　と真剣に考える）私ですが、書店へ行けばあっという間に両手が塞《ふさ》がってしまいます。

積極的に本を読み出したのは大学生の頃で、今も大ファンの中谷彰宏さんの著書に出会ったのがキッカケでした。「なんていいことを言うんだ、この人は！」。夢中になってどんどん読み、以来、読書を成長の糧としてきました。

いい言葉を教えてもらうのは、上等な布で包まれるよりもうれしくあたたかな気持ちになる。

皆さんもきっと『荀子』の右の言葉のような体験をしたことがあると思います。

そうなのです。本当に計り知れないのは本を読むことで知り得た言葉や、人の経験の価値なのです。その価値をどこまで高められるかは、もちろん自分次第です。

読書の価値をもっと高めたいなら、人間関係を円滑にするという間接的メリットも見逃してはいけません。中でもこれを知る人は少ないだろう、というのが「愚痴を言わなくなる」というメリット。**本をたくさん読むとなぜ愚痴が減るのか？ 単純な話、ボキャブラリーが増えるから**です。

たとえば、上司に新規事業の提案をしたが却下された。

いわゆる「ボキャ貧」の人は、提案の内容を言い換えたり、次につながる言葉や話の展開を変える言葉を見つけることができません。言葉のキャッチボールがすぐに終わってしまい不完全燃焼。結果、就業後に赤提灯で同僚相手に愚痴ることになるわけです。そのうえ愚痴も〝ボキャ貧〟ですから聞いているほうも嫌になってしまいます。

ボキャブラリーが豊富な人は、状況に応じて相手が返しやすい言葉や予想を裏切る言葉を選び、キャッチボールをつなぎながら話の流れを作ることができます。

それで主張が通らなくても、上司から納得のいくレスポンスを得ることは可能です。上司だってあの手この手で食い下がられたら説明する用意はあるのです。

「今はこうだから無理だ」「上を通すにはこういう実績を出す必要がある」といった理由や対策を説明してもらえれば、赤提灯の暖簾をくぐる必要はありません。

◇知識を「血肉にする」方法

読書以外にはこれまた中谷彰宏さんの影響で、若い頃、毎日のように観ていた映画も一生モノの財産。ユーモアの効いた映画風のフレーズを使えば、断りづらい要望や依頼も角を立てずにかわすことができます。これも後々引きずらず「その場で」やりとりを完了させるために役立つのです。

本にせよ映画にせよ言葉の宝庫なわけですが、**自分の言葉として使えなければ宝の持ち腐れ。自分の言葉として使うには、実践と経験を通して磨きをかける必要があります。**そうして初めて人に贈る価値も出てくるのではないでしょうか。

師をはじめとする華僑たちが語る古典の言葉はまさにそれです。同じ漢字の羅列から飛び出すエピソードも解釈も人それぞれ。そこには自分だけでなく先祖の経験も生きています。**華僑は先人の智恵が詰まった言葉を、代々磨きながら伝承しているのです。**いい言葉をたくさん知って磨き上げるということは、大切な人を守ることにもなるのですね。

第六章

華僑×古典に学ぶ「リーダー7つの条件」

——華僑流「最強の集団」の作り方

華僑流
リーダーの条件
1

チームを混乱させない

『礼記』曽子問より
天に二《に》日《じつ》無し、土《ど》に二《に》王《おう》無し。

◇「二人のリーダー」は必要ない

最終章では、華僑×古典に学ぶ「リーダーの条件」を厳選してお伝えしていきます。現役リーダーのお悩み解決に、またリーダーを目指す方の武器として、またリーダーと上手くつき合いたい方の参考としても活かしていただければ幸いです。

どんな人がリーダーにふさわしいかを考えるとき、性格的な要素に目が向きがちですが、合理主義で現実主義の華僑はその限りではありません。**「リーダーの条件」を満たせば誰でもリーダーになり得る。その条件が欠けている人は、どれほど人気があっても人望があってもリーダーになるべきではない。**というのが華僑の考え方です。

リーダーに欠かせない第一の条件、それは**周囲を混乱させないこと。**

「天に二つの太陽がないように、一国に二人の王がいるべきではない」。中国に限らず世界各国の史実をみても、『礼記』の言葉が混乱からの破滅を招かないための至極もっともな教訓であることに異論はないでしょう。会社などの組織も一国と同じです。指示を出すリーダーが二人いれば混乱するのは当然として、リーダーが一人でもその方針が二つも三つもあるなら、リーダーが二人いる、三人いるのと同じことです。

組織の頂点に立つリーダーが一本の軸を立て、配下のリーダーたちが守り抜く。これが組織を守り抜くための鉄則なのです。

ここで新米リーダーのために、誤解しがちな二点を挙げておきましょう。

まずは**「軸がブレる」の誤解。**軸の基点さえ動かさなければ、そこから広げるようにして角度をずらすのは「ブレる」ことにはなりません。私の会社の医療機器部門でいえば軸は「格安医療機器」です。それを無視して高級品に走るのはダメ。しかし関連サービスとして医院さんのＨＰ制作や内覧会の企画などに手を広げるのは構いませんし、関連サービスについては価格より品質を打ち出しても問題ありません。

「我々はあくまでも格安医療機器で世の中に貢献する」という軸さえ変えなければ、部下だけでなく、お客さんも取引先も混乱させることはないのです。

次に**「朝令暮改をしてはいけない」の誤解。**決定事項をすぐに変更するのはよくないと思いがちですが、自分の決定が間違いだと分かったなら即変更するべきです。決めたことにこだわって部下を道連れにするほうがよっぽど迷惑というもの。私は「初志貫徹のための朝令暮改」という前置きをして、変更の意図を説明しています。

◇華僑がこだわる「上手くいく組織作りのセオリー」

自分で会社を作る、誰かとコラボビジネスをするなどの場合は、華僑流の組織作りにリーダーの条件を加えてみてください。

華僑は、ビジネスを立ち上げる際に必ず**「お金を出す人」「アイデアを出す人」「作業をする人」**を集めます。三人ではなく三つの各役割を担う人という意味です。このうち一つでも欠けたら上手くいかないというのが華僑ビジネスのセオリーなのです。

私はこれを「トライアングル経営®」と名づけて、起業時から会社作りの基本として守り続けています。各会社のリーダーは「お金」「アイデア」「作業」のどの役割でもOKですが、「部下など関係者を混乱させない」ことが絶対条件です。

＊「お金」「アイデア」「作業」の三つの役割が揃っているか？

＊リーダーは「天に二日無し、土に二王無し」を分かっているか？

この二つは、他のあらゆる条件にこだわらない華僑が絶対にこだわる条件。逆から見れば、この二つの条件を最初にクリアすることで、他は何とでもなるのだとも考えられます。つまりこの二つは致命的なトラブルを未然に防ぐための条件なのです。

華僑流
リーダーの条件
2

どんな人間の個性も上手に活かす

『通俗編』交際より
疑わば用《もち》うる勿《なか》れ、用いては疑う勿れ。

◇「口ほどにもない人」にも使い道がある

華僑が短期間でお金持ちになれる理由のひとつに**「自分ができる必要はない」**という思考があります。「下君は己の能を尽くし、上君は人の智を尽くす」（韓非子）そのままに、**人の智恵を使ってどんどん可能性を広げていく**のです。

自分の能力にのみ頼らず、できる人の能力を活かせるか？　さらに、できない人も有効に使えるか？　これがリーダーとしての第二の条件です。

できる人だけの組織など世の中のほんの一握り。有名企業や大企業でも「できると思って採用したもののできなかった」という想定外をゼロにすることは困難です。

できる人を使うだけのリーダーより、できない人も持て余すことなくリソースとして上手く使えるリーダーのほうが優秀であることは間違いありません。

人を使う上でも、リーダーの役割は方針をビシッと決めることです。そこで私が基本中の基本としているのが「疑わば用《もち》うる勿《なか》れ、用いては疑う勿れ」。

前半部分は「疑わしい相手は初めから使うな」という意味ですが、華僑は**「口ほどにもない人にも使い道はある」**と超訳的に解釈します。

たとえば「自分はこんなことを知っている」「こんなアイデアがある」など、語るだけ語ってやらない。知識があり弁も立つが行動を伴わない、いわゆるノウハウコレクタータイプの人。このような人に、じゃあやってみてと任せても結果は出ません。

ではどんな使い道があるのか？　華僑的には「口だけの人にはその口で喋らせればいい」ということになります。その人が集めた情報や考え出した作戦を喋らせる。智恵だけ出させて、実行は行動力のある人に任せればいいというわけです。

とはいえ喋らせるだけでは仕事になりません。口だけの人のルーチンワークとして私は考えなくていい仕事を与えます。「言われたことを言われた通りにして、それ以外のことはしないで」と。口だけで行動が伴わない人は、それを自覚しつつ周囲にバレることを恐れています。ですから「言われた通り」に動いていることで安心するのです。その上で「言われた通りにできているならば、あなたのアイデアを聞く」とチャンスを示せば、喜んでいろんな知識を披露してくれます。

またこれまでの経験から「言われた通りに」を続けるだけでほとんどの人が成長して自信をつけるということも実証済み。短期的判断で見放しては損なのです。

◇リーダーは、口出しをしないために「口を使う」

できる人に対しては**「用いては疑う勿れ《なか》（いったん登用したら信頼して使え）」**ですが、第一章で述べたように一〇〇％の信頼は相手の負担となり、隠し事を生む原因にもなりかねません。**リーダーとして方針を伝えたら、あとは九九％信じて任せる**のが正解。

当然ながら、信じて任せるイコール放任ではありません。具体的な目標や期限などを設定し、そこに至る線を引いてやるのはリーダーの仕事です。

やり方は部下に任せ、線上を進む限りは口出ししない。リーダーが口出しすべきは線からズレたときだけです。リーダーがほとんど口出しをせずに組織が問題なく回っているならば、それはリーダーがしっかりと仕事をしている証。現場の人たちが方針を理解し隅々まで浸透するように、普段から繰り返し伝えているということです。

経営者の中には「つい口出ししたくなるから、現場にはあまり顔を出さないようにしている」という人もいますが、それではいつまで経っても部下を信じて任せることなどできません。本当に任せたいと思うなら、毎日現場に顔を出し、聞き飽きたと言われるまで社長の方針を語るべきでしょう。

華僑流
リーダーの条件
3

宰相は細事に親しまず。
『漢書』より

細事を見逃さず、細事に反応しない

◇「成長が遅い部下」もみるみる変わる指導法

部下に任せたなら口出ししない、しかし口出ししないために目を瞑《つむ》るのは違うと前項で述べました。目はしっかり見開いておかないと細事を見逃してしまいます。

「宰相は細事に親しまず」ですが、華僑いわく**「それは細事に反応しないということで、細事を疎かにするのとは違う」**。

私の師も「細かいことにこだわらなければ大成しない」と言います。少なくとも大成するまでは細かいことにも気を配るのが身のためでしょう。もちろんそれは部下のためにもなります。

リーダーが気を配るべきは、部下の成長のサイン。口出しをせずに任せられる段階に達したかどうか？　その目安も古典に記されています。

『菜根譚』にある「未だ根植えずして、枝葉《しよう》の栄茂《えいも》するものはあらず」。**大地に根づいていない木が、枝葉を茂らせたという例はないのだと。**

しっかりと根を張り養分を吸い上げて自ら成長していける、その段階に至れば任せても大丈夫。苗木のうちはリーダーの支えが必要です。

部下が根を張ったかどうかは、部下へのアドバイスの変化で分かります。

「こうしないほうがいいよ（やめたほうがいいよ）」とのアドバイスが多いならまだ根が張っていません。それが「こうしたほうがいいよ（もっとよくなるよ）」に変われば、もう根が張ったと思っていいでしょう。

うちの部下はなかなか根を張らないから、つい小言が多くなってしまう……。そんなお悩みリーダーには、とっておきの秘策をお教えします。

部下に「提出の必要はない」と前置きして、まずは一週間、就業時間中一五分おきに「今何をしているか」「今から何をするか」を細かく記録させてください。もし部下が見せにきても、記録の内容について評価してはいけません。

今日一日自分が何をしていたかを自分で把握させる。それだけで部下は自分の弱さや不足に気づき、成長したいと思うようになります。則ち、部下自身が細事に気づくように仕向ければ、リーダーは細々と口を挟む必要がなくなるのです。

我が社の営業部の第一線で活躍している社員も、初めはヒョロヒョロの苗木でしたが、この秘策でしっかりと根を張り、私の小言も激減しました。

◇細かい指示は「信頼できない」というメッセージ

「細事に親しまず」＝「細事に反応しない」のメリットは、部下に心配をかけないことです。

まだリーダーが板についていなかった頃の私は、部下が自分で気づくように仕向ける智恵もなく、目についたことをすぐに指摘せずにはいられませんでした。

しかしそれは「君たちに任せておいたら心配だ」というメッセージに他ならず、部下も「心配ばかりかけている自分がこの会社にいていいのだろうか」と心配していたのです。私も部下もお互い心配し合って信頼し合えず、お互い疲れていました。

今は気になることがあってもすぐには指摘せず、直接的にも間接的にも「いつも見てるよ、応援してるよ」というメッセージを出しています。

応援されたら期待を裏切れないとばかりに部下の成長も早いですし、「見ているけど言わない」ほうが睨みをきかせる効果もあるようです。

というわけで、リーダーの第三の条件は「細事を見逃さない」こと。そして「細事になっても即反応しない辛抱強さを持つ」ことです。

二柄篇より

導《よ》りて其の臣を制する所の者は、二《に》柄《へい》のみ。

は刑徳なり。

華僑流
リーダーの条件
4

私情を捨てて適切な賞罰ができるか

◇当人だけでなく周囲にも効力を及ぼす賞罰とは

部下が育って使い物になっても、言うことを聞かなければ使えないのと同じ。しかし、従わせようと圧力をかけてねじ伏せるのは賢いやり方ではありません。リーダーが用いるべきは**「利の力」**です。

リーダーの第四の条件**「利によって部下を統治する」**。これは何事も利に根ざして考える華僑が本領を発揮するところでもあります。

利といえば相手を得させることを考えると思いますが、**「損したくない」気持ちも利に根ざしていることを忘れてはいけません。**

韓非子が言う「二柄」も「得したい」「損したくない」人の気持ちを操るもの。リーダーはその二本の操縦桿を握って人心をコントロールしろと言うのです。操縦桿のひとつは刑＝罰、もうひとつは徳＝賞。日本でもよく使われる「信賞必罰」ですね。

これは韓非子が唱える治国の二本柱「法」と「術」の「法」に当たります。「法」は誰の目にも明らかで公平なルール、「術」は誰にも見せず胸の内に秘めておくべき部下操縦術です。

ここでは、「法」として公明正大であるべき賞と罰について、日本人とは少々異なる華僑らしいやり方を紹介します。

賞には手柄を立てた当人の意欲を上げさせる効果、罰には過ちを犯した当人を反省させる効力がある。これは当たり前ですが、華僑は**「みんなに知らしめる」ことで当人のみならずその周囲にも賞と罰の効力を及ぼすのです。**左記はその一例です。

【賞】報奨金を与える場合、当人の給与口座に五〇万円振り込むのではなく、みんなの前で現金三〇万円を渡す。

当人→面子が立ち承認欲求が満たされ、金額が少なくても満足する。

周囲→自分もみんなの前で認められたいと意欲がわく。

【罰】降格や減給ではなく、一定期間、その人が苦手とする環境に置く（企画部から営業部への異動など）。

当人→苦痛はあるものの面子は守られ、くさることなく元に戻れるよう頑張る。

周囲→苦手なことを強いられる心理的ストレスを恐れ、気を引き締める。

いろいろな意味で組織の利ともなることがお分かりいただけると思います。

◇感情を挟まず「信賞必罰」を徹底するために

賞にしても罰にしても、その実行がリーダーの好き嫌いや気分次第では「法」による統治は不可能です。**リーダーは組織のルールに則り厳然と処分を行わなければならない。**それを如実に表しているのが『韓非子』の有名なエピソードです。

韓の昭侯が酔って寝ていたとき、冠係が寒かろうと気を配って衣をかけた。目覚めた昭侯は、本来衣係がやるべき仕事を冠係がやったと知り二人とも処罰した。衣係が罰せられたのは職務怠慢、冠係が罰せられたのは「職分を超えた」という理由だった。

そこまでしなくても……と思う人も多いでしょうけれど、不正を防ぐためには致し方ないことです。以前、私の会社で不祥事がありました。営業社員が売上をごまかし、会社に隠れて顧客に請求書を送り、自分の銀行口座へ振り込ませたのです。

以来、売上伝票の作成は事務、請求書の作成は営業、請求書の発送と売上金の回収は経理と、各職分のルールを明示。それだけでは冠係のように気遣いからのミステークもあり得るので、職分を超えた場合の罰則規定も設けました。

組織のため、部下のための厳しさを担うのもリーダーの役割なのです。

華僑流
リーダーの条件
5

部下のやる気を巧みに操る

明君は上に為《な》すなく、
群臣は下に竦懼《しょうく》す。

『韓非子』主道篇より

◇「社員に大人気」の社長が裏でこっそりやっていること

ある華僑が経営する会社は、社員たちからとても評判がいい。噂を聞いた人が働きたいと押し寄せるも誰も辞めないので空きが出ず、狭き門としてますます噂になっています。それほどに人を惹きつけている理由は何だと思いますか？

実は会社の持ち物である別荘や高級外車や高級腕時計などを社員がプライベートで使えるのです。さらに「彼氏にふられて泣いていたら社長がもっといい男性を紹介してくれた」「結婚式の仲人がいなくて困っていたら社長が引き受けてくれた」「子どもが病気になったときにいい病院を紹介してくれた」など、社長の評判もすこぶるいい。

しかし私は知っています。それらすべて部下が背かないようにするための「術」であることを。前項で述べた「法」と「術」の、部下に見せてはいけない「術」です。

「リーダーが何も考えていないように見えるのに、部下は危機意識を持って業務に勤しんでいる」。右ページの言葉の現代風意訳ですが、これはリーダーの「術」が功を奏している状態。それでこそリーダーは人の智恵を使うことができるのだと、韓非子は説明しています。

「リーダーが何も考えていない」ように部下からは見える。華僑の会社の例でいえば、社長は単なる「いい人」です。自分では買えない高級品を使わせてくれるし、自分では得にくい人脈も快く紹介してくれるし、困ったときには必ず助けてくれる。

裏を返せばどうでしょう？　この会社にいなければこのような恩恵に浴することはできません。評判を聞きつけたライバルが押し寄せる中、会社に貢献しなければ自分の椅子を奪われるかもしれない。**社員たちは社長の「術」に操られているとは知らず、社長の心中を読む必要性も感じず、恵まれた状態を維持するために能動的に頑張るのです。**

日本人からすればずるいやり方にも思えますが、華僑社会では**「ずるい」**＝**「賢い」**です。部下は喜び会社も儲かっているわけですから、見習わない手はありません。**部下が背かない体制作りの基本は、部下が自力でかなえにくい望みを満たすこと。**前述の社長は物心両面で部下を満たしていますが、物よりも効果があるのは**「困りごとの解決」**でしょう。

在日華僑のリーダー的存在である、私の師もこう言います。

「誰しも何かに困っている。今困っていなくても、いつか絶対に困る。そのときが私の出番です。出番は一生なくならない。だから私には将来の心配などまったくない」

困りごとを解決するといっても、すべて自分で解決する必要はありません。その問題に詳しい先輩や友だち、親兄弟などに外部ブレーンになってもらう、もしくは詳しい人を紹介してあげればいいのです。

◇部下も「あなた」をよく見ている

「術」を使っても、部下にそれが術だと気づかれたら意味がないどころか、逆に部下に操られてしまいます。見破られないためには、普段からの仕込みが重要。**普段から自分の「素」を見せないことが重要です。**

韓非子が説く「君主が素を見せることのデメリット」の一例を見てみましょう。

君主が好き嫌いを見せると臣下はそれに合わせて自らを飾る。

君主が賢さを見せれば臣下は怠慢になるか、腹に一物あれば自分を隠す。

部下はリーダーをよく見て対策してくるということを忘れてはいけません。「何も考えていない」のが素であると思わせて初めて「術」が功を奏するのです。

華僑流
リーダーの条件
6

民と楽しみを同じゅうす。
『孟子』梁恵王篇より

部下と楽しみをともにする

◇内部に敵を作らない方法

著名な古典を紐解けば、意味・意図が似通ったものが度々出てきます。そこが重要ポイントなのです。『孟子』梁恵王篇で目立つのは**「王は民と共に楽しむべきだ」**との主張。孟子が斉の宣王に言ったとされる内容を現代風に超訳してみましょう。

「社長はお客さんと飲みに行ったよ。オレたち、社長の楽しみのために残業しているようなもんだよな。おかげで今日も子どもと遊べないよ」

部下たちが陰口を叩くのは、リーダーが楽しみを独り占めしているからである。こんな組織は内側から崩壊するだろう。

「社長はお客さんと飲みに行ったよ。社長が今日も元気で安心だな」

部下たちが和やかなのは、リーダーが部下と楽しみを共有しているからである。こんな組織は一丸となって伸びていくだろう。

同じ飲みに行くにしても、陰口を叩かれる社長は普段から部下を連れて行くことなく、笑顔で送り出される社長は折に触れて部下を連れて行き、楽しみを同じくしている。内部に敵を作らないのはどちらか？　明らかですね。

◇「松」を楽しむために、普段は「梅」を同じくする

私も、大口の契約がまとまったときなど、部下が普段使いできないお店やクラブに連れて行き一緒に楽しみます。海外から来客があれば、高級割烹での接待に部下を同席させて一緒に舞妓さんと遊びます。

ただし私の場合は、たまの楽しみだけ部下と同じくしているのではありません。**たまの楽しみが「松」なら、普段の「梅」の意識も同じくしているのです。時々みんなで「松」を楽しむために、普段はみんな「梅」でいきましょうと。**

普段の外食はだいたいファミレスですし、無駄な経費は一切使いませんし、部下が休日出勤のときは私も仕事モードですぐにレスポンスできるように備えています。

これも内部に敵を作らないためなのだと、華僑の師から学びました。

師に弟子入りした当時、私は興味津々でした。華僑のお金持ちは普段どんな生活をしているのか？　本物のお金持ちが集まる高級住宅街に住んでいる人と知り合ったのも師が初めてでしたので、妄想が膨らむばかり。

ところが師は普段、社員やアルバイトの留学生と同等のものを食べ、同等のものを

使い、出かけるときも徒歩&電車。紙一枚無駄にするなと先頭に立って倹約。ひょっとして私は師選びを間違えたのではないか……疑念を抱くほどでしたが、ほどなくして接待に同席させてくれたときに間違いではなかったと確信することができました。

そこで質問してみました。お金があるのになぜいつも五百円ランチなのか？　なぜ高級車を持っているのにわざわざ電車を使うのか？

「たとえばね、会社の部長がいつも経費を使って贅沢してる、役員はもっと贅沢してる。それを見た下の人たちはどう思いますか？　**上に行けば楽して贅沢できると思うでしょ。その人が上に行ったら、また下の人も同じように思う。楽して得したい人ばっかりになったら会社は潰れますよ。**それにみんな上の人が早くいなくなればいいと願う。昔だったら毒殺されるよ。だから上の人は隙を見せたらダメなんです」

師ほどは徹底できていませんが、部下たちは全員、私が二百円のモノと百円のモノなら必ず百円のほうを選ぶことを知っていますので、寝首をかかれる心配はなさそうです。

お金を使える立場のリーダーの方はとくに、「普段は梅」「たまには松」を部下と同じくして、第六の条件をクリアしていただきたいと思います。

華僑流
リーダーの条件
7

『近思録』為学類より

見る所、期《き》する所は、遠くして且《か》つ大ならざるべからず。

部下がひるむほどの「大きな夢」を語れるか

◇遠大な目標は、部下を「その気」にさせる

軸を中心に組織がまとまってきた。体制もできてきた。まだ足りないのは？　そう、**「目標」**ですね。軸があっても目標がなければ前進することはできません。

私の例で言えば、医療機器部門の軸は「格安医療機器で世の中に貢献する」、そして目標は「亜龍《ありゅう》」です。私たちは格安医療機器でアジアのドラゴンになると。「亜龍」とはまたずいぶん大きく出たな、そう思われたなら本望です。

『近思録』の言葉を見てください。目標は遠大であるほどいいのです。超訳すれば**「遠大な目標を堂々と掲げれば、ゴールは遠くなくなる」**。

遠大な目標があれば組織に勢いがつき、勢いがつけば遠大だと思っていた目標も意外と近かった、ということになります。なぜ遠大な目標によって勢いがつくのかといえば、遠大な目標には人を「その気」にさせるパワーがあるからです。

華僑の師がよく言うことですが、「やる気」は自分で「出す」もの、「その気」は周囲に乗せられて「なる」もの。気がつけば走っている、走るのが楽しくなっている、いつの間にかペースが上がっている。そういう状態に「なる」のは、自分一人で夢を

追っているときではなく、仲間と一緒に大きな夢を追っているときです。

私の部下も「亜龍」と聞いて初めはひるんでいましたが、アジア各地に拠点が増えるにつれ、どんどん「その気」に。今では「亜龍」は医療機器部門に限らずグループ全社共通の目標となり、合い言葉ともなっています。

◇短期の目標は、組織の勢いにブレーキをかける

勢いについては第一章でも述べましたが、日本の組織を見るとリーダー自らブレーキをかけているケースもめずらしくありません。

「ゴールが遠いと思わせたら部下のやる気が萎える」から「短期目標をクリアさせて達成感を与えるべきだ」と考えているリーダーは要注意です。

次から次へと短期目標をクリアさせるのは、短距離走を繰り返させるようなもの。それがブレーキをかけることになる、というのは一本走るごとにいちいち止まってしまうからです。止まれば次に走り出すときにパワーを要します。止まっている物体は力を加えなければ動かない、慣性の法則ですね。

短距離走を力いっぱい走ってゴール。そこへ上司がやってきて「よし、よくやった。さあ次のレースだ」とお尻を叩く。力をこめてまた走り出すものの、前ほどスピードは出ない。これを繰り返せば疲れがたまっていつかはバッタリ倒れてしまいます。

いかにゴールが遠くても、止まらずに走り続けるほうが楽なのです。長距離走においてリーダーがやるべきは、仮ではない本当のゴールを示し、コースの要所要所に通過地点の旗を立てること。その旗は達成の印ではなく前進の印です。**部下は「よし、ここまで来たな」と着実な前進を喜び励まされつつ、止まることはありません。**

そこでゴールとして遠大な目標を示すことによって「その気」パワーが生まれるのです。そうは言っても、部下が理解してついてきてくれるだろうか……。そんなリーダーには師の言葉を贈ります。

「部下に理解されない、それでこそリーダー。部下が理解できるレベルのことしか考えられないリーダーなんて要りますか？　リーダーは、わけが分からんと言われるくらいがいい。結果を見ればいずれ誰でも分かるんだから」

よし、それならば部下が思いもつかないような、とてつもなく大きな目標を掲げてやろう。そうです。リーダーが「その気」になるのが一番大切なのです。

（了）

【参考文献】

『「韓非子」を見よ！』守屋洋・三笠書房／『［新訳］孟子』守屋洋・PHP研究所／『［新訳］荀子』守屋洋・PHP研究所／『30歳から読む呻吟語』中島孝志・マガジンハウス／『リーダーのための中国古典』守屋洋・日本経済新聞出版社／『完訳 論語』井波律子（翻訳）・岩波書店／『韓非子（第1、2冊）』金谷治（訳注）・岩波書店／『基礎からよく分かる「近思録」』福田晃市（翻訳）・明窓出版／『［決定版］菜根譚』守屋洋・PHP研究所／『春秋左氏伝（中）』小倉芳彦（翻訳）・岩波書店／『新訂 孫子』金谷治（翻訳）・岩波書店／『全釈 易経（上）』黒岩重人・藤原書店／『組織サバイバルの教科書 韓非子』守屋淳・日本経済新聞出版社／『荘子 第1冊 内篇』金谷治（翻訳）・岩波書店／『荘子 第2冊 内篇』金谷治（翻訳）・岩波書店／『大学・中庸』金谷治（翻訳）・岩波書店／『中国古典一日一言』守屋洋・PHP研究所／『中国古典名言事典』諸橋轍次・講談社／『孟子』金谷治・岩波書店／『老子』蜂屋邦夫・岩波書店／『呻吟語』疋田啓佑・明徳出版社／『荀子（上）』金谷治（訳注）・岩波書店／『荀子（下）』金谷治（訳注）・岩波書店／『中国古典の便利辞典』向嶋成美（監修）・小学館

本書は、本文庫のために書き下ろされたものです。

大城　太（おおしろ・だい）

起業家。大学卒業後、外資系金融機関、医療機器メーカーを経て、華僑社会では知らない者はいないと言われる大物華僑に師事。厳しい修業を積みながら、日本人唯一の弟子として「門外不出」の成功術を伝授される。

独立後、起業。社長1人アルバイト1人で初年度より年商1億円を達成した。現在は、国内外6社の代表を務める。

ビジネス投資家、不動産投資家、医療法人理事など活躍の場は多岐にわたる。また、実業のかたわら、華僑の教えを学び実践する「知行塾」を主宰。

主な著書に『失敗のしようがない　華僑の起業ノート』（日本実業出版社）、『世界最強！　華僑のお金術　お金を増やす「使い方」の極意』（集英社）などがある。

知的生きかた文庫

華僑《かきょう》の大富豪《だいふごう》が教《おし》えてくれた
「中国古典《ちゅうごくこてん》」勝者《しょうしゃ》のずるい戦略《せんりゃく》

著者　大城《おおしろ》　太《だい》
発行者　押鐘太陽
発行所　株式会社三笠書房
〒一〇二-〇〇七二　東京都千代田区飯田橋三-三-一
電話〇三-五二二六-五七三四〈営業部〉
〇三-五二二六-五七三一〈編集部〉
http://www.mikasashobo.co.jp
印刷　誠宏印刷
製本　若林製本工場

ISBN978-4-8379-8451-1 C0130

知的生きかた文庫

中国古典「一日一話」
守屋 洋

永い時を生き抜いてきた中国古典。この「人類の英知」が、一つ上級の生き方を教えてくれる——読めば必ず「目からうろこが落ちる」名著。

超訳 孫子の兵法「最後に勝つ人」の絶対ルール
田口佳史

ライバルとの競争、取引先との交渉、トラブルへの対処……孫子を知れば、「駆け引き」と「段取り」に圧倒的に強くなる！ ビジネスマン必読の書！

超訳 菜根譚 人生はけっして難しくない
境野勝悟

『菜根譚』は、中国明代末期の人、洪自誠による処世訓です。たくさんの知識より、とびきりの「たった一言」が生き方を支えてくれる——そんな「言葉」に出会える本です。

吉田松陰「人を動かす天才」の言葉
楠戸義昭

幕末に松下村塾を主宰して、有能な志士たちを世に送り出した希代の教育者・吉田松陰。その「まっすぐで力強い生き方」が伝わる、珠玉の言葉集。

気にしない練習
名取芳彦

「気にしない人」になるには、ちょっとした練習が必要。仏教的な視点から、うつうつ、イライラ、クヨクヨを〝放念する〟心のトレーニング法を紹介します。

C50311